CHARTA RISK

8

Lucrezia De Domizio Durini

La forma del pensiero

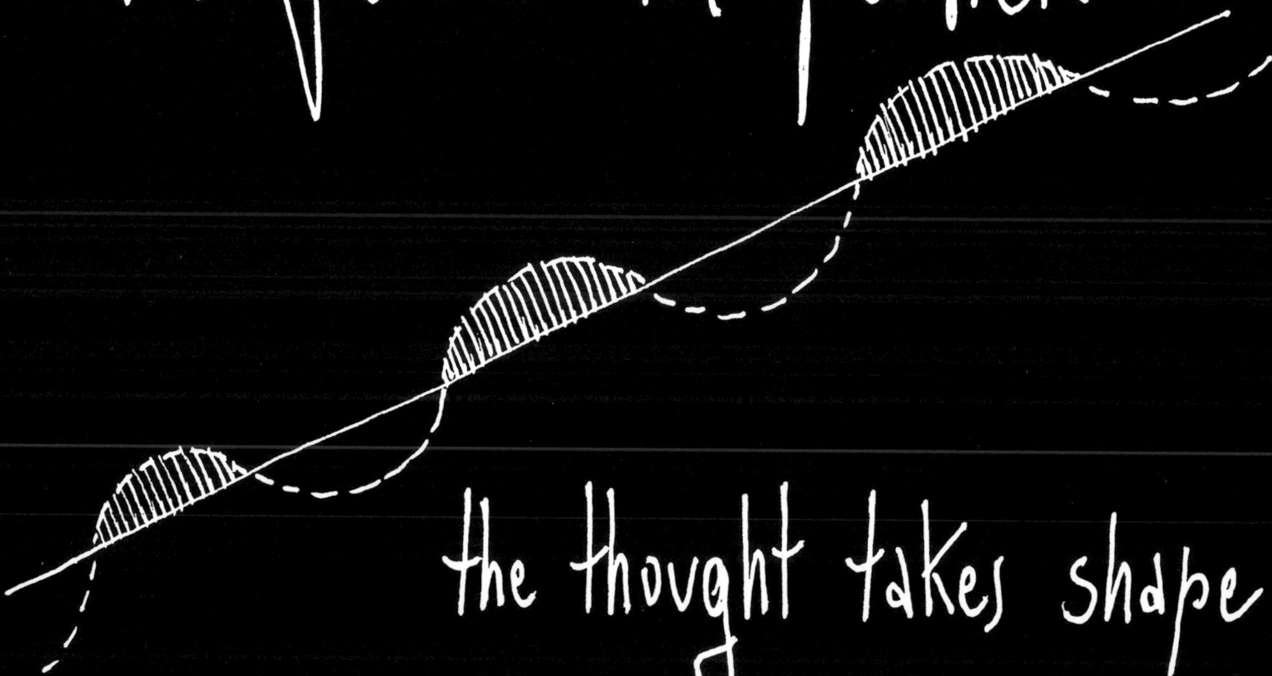

the thought takes shape

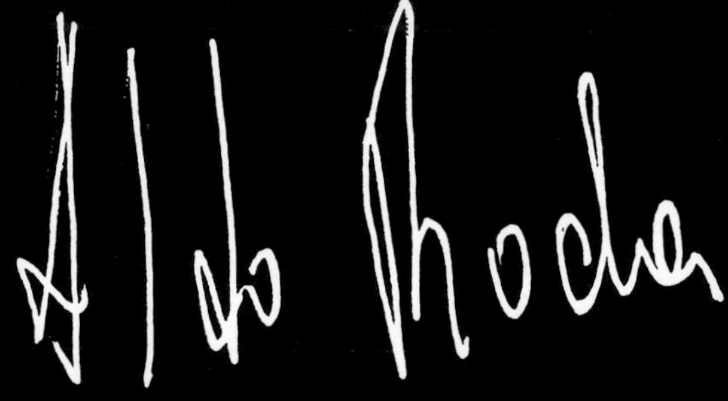

CHARTA

Plato

Thought is the internal dialogue of the soul with itself.

Il pensiero è un dialogo interiore dell'anima con se stessa.

Platone

Ideazione/Conceiving
Lucrezia De Domizio Durini

Progetto grafico/Design
Gabriele Nason

Coordinamento redazionale
Editorial coordination
Emanuela Belloni

Redazione/Editing
Elena Carotti

Impaginazione/Layout
Daniela Meda

Traduzione/Translation
Scriptum, Roma

Ufficio Stampa/ Press Office
Silvia Palombi Arte & Mostre,
Milano

Realizzazione Tecnica/Production
Amilcare Pizzi Arti grafiche,
Cinisello Balsamo, Milano

ISBN 88-8158-199-X

Edizioni Charta
via della Moscova, 27
20121 Milano
Tel. +39-026598098/6598200
Fax +39-026598577
e-mail: edcharta@tin.it
www.artecontemporanea.com/charta

Printed in Italy

Sommario
Contents

Il nuovo di

bianco e nero

segno in

è il pensiero.

La forza del pensiero

Lucrezia De Domizio Durini

Considera la parola "pensare" come uno strumento.
Ludwig Wittgenstein

In questa pubblicazione intendo sottolineare la personalità di un uomo, di un artista, Aldo Roda che, attraverso la sintesi della sua ricerca culturale, sviluppa il pensiero come entità primaria della sua scelta esistenziale.

Il pensiero è l'atto dell'anima per cui è conscia di sé delle altre cose fuori di sé.
Christian Wolff

La psicobiologia di Adolf Meyer ha insegnato che l'uomo può essere compreso appropriatamente solo come integrato ad un livello simbolico poiché ciò che pensa e ciò che sente influenzano il suo comportamento.
Molti sono i linguaggi che incorporano il pensiero.
In realtà gli aspetti comunicativi dell'attività simbolica conducono sempre allo sviluppo delle culture e delle istituzioni sociali. Tutte le scienze dell'uomo, tutte le arti e le tecniche che ne derivano incontrano dei simboli sul loro cammino e devono unire i loro sforzi per interpretare gli enigmi che essi pongono e associare le loro forze per risvegliare le energie che i simboli condensano.
Dire che viviamo un mondo di simboli è poco: un mondo di simboli vive in noi.
Molti personaggi della cultura di tutti i tempi, fino al mitico Joseph Beuys, hanno dato al simbolo una funzione attiva per sostenere e accelerare il progresso della conoscenza.
Quando l'artista rinuncia volutamente o meglio trasgredisce alle tecniche tradizionali, riflette sempre un'evoluzione che sottolinea una forte interiorizzazione: l'ossatura intellettuale dell'uomo.
In questo atipico lavoro Aldo Roda esprime in toto questa particolare posizione culturale: una specie di detrazione che si rende artefi-

ce di un'inedita valorizzazione.
Negli anni della sua esperienza pittorica, Aldo Roda si è appropriato delle più acute osservazioni sul colore e sulle forme e in maniera psicodinamica le ha tramutate in concettualità letteraria.
Una forma anomala di personale espressività ove la scrittura è pittura e la lettura è visione totale del mondo.
I concetti che descrive sono un modo personale di passare in rassegna un mondo che lo ha coinvolto sempre in prima persona.
Il suo pensare è agire. L'agire è riflessione.
Una riflessione nata nel silenzio, quel silenzio che Joseph Beuys chiama "parola".
Le descrizioni di Roda determinano una specie di equipaggiamento intellettuale in cui si organizza un modellamento di strutture insite in un'armonica filosofia nata nei molti anni solitari ma fondamentali per la sua formazione.

La pittura si è trasformata in concetto atto ad espandere gli orizzonti dell'artista.
Le parole sono le funzioni dell'Io e giorno dopo giorno si sviluppano e formano le pagine della sua crescita cognitiva e linguistica.
Da questo flusso costante teso alla realizzazione costruttiva delle possibilità intrinseche, nasce una tendenza di naturale lettura che conduce al suono, ad una musica virtuale.
Una specie di forza interiore che Emanuel Dimas de Melo Pimenta, maestro di fantasmagoriche partiture, mirabilmente interpreta come capitolo finale di elettrizzanti sogni empirici dell'artista.
In questa forma poetica di Roda vibra quella creatività:

Capace di vedere nuovi orizzonti, di costruire ampi rapporti, di produrre idee e intuizioni insolite, di allontanarsi da schemi di pensieri tradizionali.
G. Kaulfush

Aldo Roda da una parte è molto vicino al pensiero beuysiano, dal-

l'altra, potrei affermare, è figlio di Steiner. Il che significa una coscienza prodotta dalla parte più elevata dell'uomo, una sorta di percezione spirituale che risponde ai sensi interni dell'individuo e dell'universo. Una coscienza libera e sensibile alle forze dell'immaginazione, cosa che permette di partecipare più ampiamente ai processi spirituali del mondo.
Le letture dei testi di Steiner *La filosofia della libertà* e *La filosofia dell'attività spirituale* rappresentano l'incarnazione dell'artista-uomo, mentre gli stimoli induttivi sono i cardini dell'impostazione teorica, insita nella sua intera ricerca artistica.
Roda quindi condivide con Steiner la convinzione della necessità di avere nei confronti della realtà un atteggiamento non solo razionale ma anche e soprattutto spirituale.
Da questa inestinguibile realtà i lavori dell'*artista solitario* assumono in sintesi la stessa potenzialità organica e concettuale della libertà anarchica e autarchica dei grafici steineriani e beuysiani che la storia inscrive ad opere d'arte e che, per Roda, costituiscono la sintesi della sua comunicazione, atta a materializzarsi nella forza della propria scrittura aperta.
L'intuizione è ancora sulla traccia di se stessa. Una lettura in cui i tratti vigorosi e violenti si oppongono alle linee e ai momenti sfuggenti e delicati.
Questa dinamicità è la certezza intellettuale, empirica ed intuitiva di Aldo Roda atta a marcare le vie labirintiche della vita, sempre in rapporto interiore con l'opera.

L'uomo prepara continuamente qualcosa che è sempre dentro di sé.
Rudolph Steiner

La transizione del pensiero di Roda entra lentamente nei modi logici di affermazioni che richiedono da parte del fruitore e dell'operatore capacità e sforzi, attività e riflessioni.
Questa è la bellezza e l'anomalia dell'arte.

L'arte è quel *quid*, quella forma del corpo che Aristotele chiama *anima* e che dona alternativa all'esistenza.
È in questo senso che i colori fantasmagorici di Aldo Roda si tramutano in essenzialità di lavagne nere con scritte bianche e fogli candidi con parole di intenso sviluppo creativo.
L'artista cerca modi personali di mettersi in relazione con gli altri, di trovare la propria strada attraverso la vita dell'arte e tenta di dare alla società la propria verità.
Roda ha bisogno di punti di riferimento e li cerca attraverso il pensiero, la solitudine, lo studio, la sofferenza, la comprensione; così come Archimede sente che se ha un punto di appoggio può spostare il mondo; o per lo meno può affrontarlo.
La scrittura di Roda è il racconto dei veri significati universali utilizzati dalle esigenze culturali, dai mutamenti della vita, dalle *correspondances*.
Ogni essere umano che abbia acquisito consapevolezza può partire dalla propria realtà per trasformare fatti e cose del mondo a lui circostanti.
Dal mutamento trae origine la summa delle potenzialità dell'essere. In questo senso le energie si coagulano nei più svariati segmenti interiori per percorrere l'opera armonica e sconvolgente della propria esistenza. Una specie di percorso verso la *Via Regia* che conduce ad un viaggio iniziatico, un desiderio profondo di ricerca della verità che non percorre il "piccolo mondo o l'oasi d'amore" di Baudelaire, né tantomeno è rivolta alla distrazione di Pascal; il solo viaggio significativo è quello che l'uomo compie all'interno di se stesso per poi porgerlo al mondo come studio e riflessione.
Aldo Roda è l'artista, il *viaggiatore solitario* che con la sua vocazione segna e descrive la percorribilità di un tracciato ritrovabile nei dogmi della propria operazione culturale. È un mondo sconfinato ed ambiguo ove riconoscersi significa identificarsi con il pensiero totale, in una strada *Senza Limite*: il praticare è credere, il fare è desiderio, il dare è energia e tutto si concretizza in un dise-

gno di scrittura creativa che si rivolge al progetto quotidiano dell'uomo.

È importante, all'interno del suo lavoro-scrittura-pittura, la riflessione che ci induce alla collocazione dell'uomo nel mondo e ci invita a studiare l'uomo in relazione ad essa cercando di comprendere che l'essere umano non esiste separatamente dal mondo in cui vive.

In un certo senso l'uomo è analogo all'universo, quindi acquisire l'idea del miglioramento di noi stessi e percepire che ogni cosa nel mondo, tutte le manifestazioni di energie, tutti i tipi di azioni, sia del cosmo che dell'attività umana, sia interne che esterne, sono sempre manifestazioni sottoposte alla "Legge del tre".

Le tre forze chiamate attiva, passiva e neutralizzante lavorano assieme, ma ogni combinazione predomina su una di esse. Come pure ogni forza che ora è attiva può divenire passiva o neutralizzante nel momento successivo componendosi sempre in un'altra triade. Quando le forze si incontrano accadono le cose, se non si incontrano simultaneamente non accade mai nulla.

Le tre forze sono sempre più presenti in ogni avvenimento, in ogni fenomeno e solamente una congiunzione delle tre forze può produrre l'evento.

Occorre molto tempo per vedere le tre forze nelle cose.

Per qualche ragione noi siamo ciechi alla terza forza, anche se possiamo osservarla in parecchie reazioni chimiche, in fenomeni biologici o analitici. Anche quando comprendiamo pienamente che nulla può accadere senza la presenza di tutti e tre gli elementi in relazione a noi stessi, siamo propensi a dimenticarlo o a trascurarlo.

Le tre forze sono in noi e fuori di noi, nella scala planetaria e universale, in tutte le scale. Questo vuol dire comprendere quanto sia indispensabile considerare la totalità. L'identificazione è uno stato quasi permanente nell'individuo, essere capaci di vedere questo stato indipendente dal nostro essere, quindi separarlo da noi stessi, vuol dire rivolgere l'attenzione e l'energia alla visione totale.

Questo regale atteggiamento è insito nel valore dell'arte che possie-

de il privilegio dello scambio qualitativo e quantitativo con la vita.
In questa visione l'uomo si evolve, scarta ogni possibile standard e schematismo, sedimenta esperienze, conflitti, lotte interiori, elabora nuovi punti di vista e coordina i più disparati linguaggi elevandosi verso il territorio del pensiero universale.
Da questa ottica, da questo limite, se si vuole, parte la lettura dei grafici che coinvolge l'intera opera di Aldo Roda, ponendo come base l'attribuzione, lessico di se stesso.
La propria storia conoscitiva, le proprie formule artistiche, il proprio pensiero determinante e il profondo sentimento per l'arte sono l'ossatura delle sue operazioni, le quali raggiungono l'acme della verità-realtà in questa sua ultima opera: *La Forma del Pensiero*.
In questo lavoro Aldo Roda è in rapporto costante con una personale mitologia che conduce perentoriamente ad una esigenza di confronto metafisico motivato sempre da una necessità rivolta costantemente alle esigenze della cultura e degli uomini e mai individualistica.
In queste condizioni di sottile e arduo lavoro, Aldo Roda tenta di restituire alla società l'emozione del *grand feu*.

La forma universale e fondamentale dell'essere è l'essere per la coscienza, l'essere nella forma di atto cosciente.
Piero Martinetti

Aldo Roda

Lo spazio esterno è popolato da esseri
diversi fra loro; lo spazio interno è
abitato solo da noi stessi. In noi però
sono presenti gli esseri del ricordo.

L'arte astratta è arte dello spazio interno,
dell'uomo solo con se stesso.
L'arte figurativa è arte della rappresentazione,
dello spazio esterno.
Per creare con immaginazione dobbiamo figurare
lo spazio interno.
Né astrattamente, né realisticamente.

È sofferenza delimitare in forme
un mondo illimitato.
La libertà esiste solo nell'infinita varietà,
nell'infinita combinazione.
I colori si avvicinano all'infinito.
Le forme rendono finito ciò che è infinito.
Quando si è sicuri e determinati nell'ambito delle
forme, abbiamo ucciso un contenuto libero.
Pittura è rapporto tra colore e forma, equilibrio
tra pensiero e rappresentazione,
equilibrio tra infinito e finito.
Il colore è Zeus, la forma Era.

I colori appartengono al mondo dell'anima.
Con i colori si possono esprimere
i paesaggi dell'anima.
I paesaggi dell'anima stanno al mondo reale come
la memoria sta al fatto realmente accaduto.

I colori non hanno leggi, essi sempre variano
e nel variare acquisiscono altri e nuovi significati.
I colori sono essenze libere.

La pittura fa vedere ciò che non si vede.
La forma è l'ombra del colore.
Luce e tenebre sono immateriali;
il bianco e il nero sono colori.

Nell'addormentarsi, ciò che è passato
è abbandonato per nascere nel futuro
della nuova notte.
Il presente è addormentarsi, lasciare
il giorno.

Paesaggio metamorfosato in figura.
Natura che diviene essere.
Come nel mito in cui si rivela una stretta affinità
tra il mondo naturale e le creature soprannaturali
che vi abitano.

Il rosso è il colore della presenza
della volontà attiva.
È il colore del rispetto e dell'audacia.
Giallo è il colore della gioia e dell'espansione.
È il colore del polline disperso nell'aria.
Blu è il colore del sentire e dell'affetto.
È il colore del seme della pianta.

La rappresentazione pittorica dello spazio interno
è opera soggettiva.
Sarà universale quanto più sarà reale.
Il pensiero può essere organo di percezione.

Lo spazio interno fa parte del mondo reale.
Per figurare il cosmo occorre l'immaginazione.
La stessa immaginazione degli uomini antichi,
le costellazioni erano il mito presente in loro.

Lo spazio interno non si presenta in contorni netti
ma con impressioni mutevoli ed alternate,
con immagini fluttuanti e mobili
e loro trasformazioni.

La percezione anziché rivolta verso l'oggetto esterno
viene rivolta verso l'oggetto interno.
Nel quadro non si trovano oggetti della percezione
esterna, ma oggetti del soggetto della percezione,
che possono anche avere riferimenti esterni, ma essi
sono trasposti in un altro contesto.
Dipingere è dunque più che un raffigurare qualcosa
di esterno a noi, un portare a coscienza cose
nascoste entro di noi.

Arte è alternarsi dello stato di sonno e di veglia.
Lo stato di sonno è invisibile (per la coscienza dell'uomo)
La linea retta è lo spazio. La linea sinusoide
è il tempo ciclico. Visibile e invisibile.

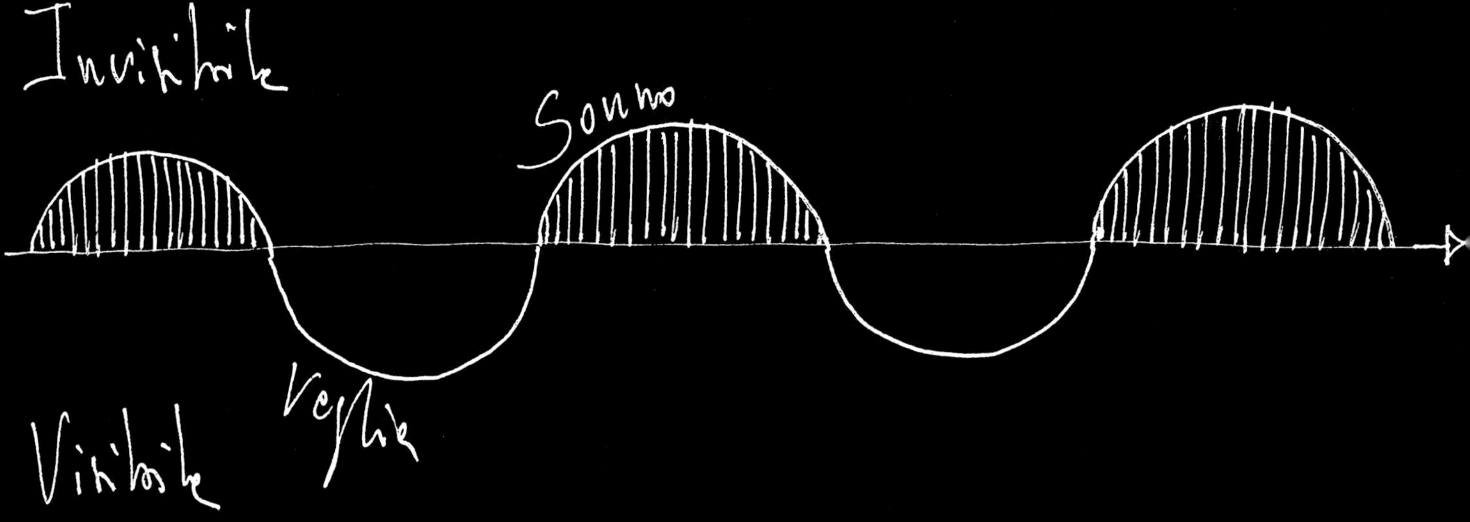

L'Arte è portare a coscienza lo stato di sonno.
Importante per l'artista è sviluppare il senso
del Tempo per conoscere l'ignoto.
L'artista è un moderno "Ulisse" che viaggia
alla scoperta del sonno.

Come gli antichi, acquisirono il senso statico,
dobbiamo acquisire il senso del tempo.
Il pensiero è l'organo percettivo.

Un concetto essenziale del tempo
è il concetto di durata;
importante quanto il transitorio.
Abitualmente, sperimentiamo la transitorietà
delle cose, ma contrapposta ad essa,
pensiamo la loro durata.
Un concetto che non è deducibile dall'esperienza,
ma solo fa parte del pensiero.
Il tempo è contemporaneamente
esperienza sensibile e dimensione del pensiero.

Mobilità, è relazione tra due punti dello spazio.
La ricerca temporale, estetica e conoscitiva,
presuppone una necessità interiore,
verso la persistenza e immobilità di valori ignoti.
L'uomo è un nostalgico di tali valori.

Il limite periferico della tela
su cui dipingiamo deve essere superato
dalla forza immaginativa dei colori e delle forme,
dalla loro azione.
La pittura è arte bidimensionale.
L'arte spirituale non è arte dematerializzata;
al contrario l'arte è spiritualizzazione della materia.

L'identificazione dell'arte con la vita dell'artista
non deve, necessariamente,
annullare la fisicità dell'opera.
La vita di cui necessita l'opera d'arte
non è una essenza soltanto esteriore.
La vita si esprime più in sé che in luce.

I colori, a differenza degli elementi primari
caratteristici della materia, quali i liquidi, i gas,
la pietra o il ferro,
sono da considerarsi, essenzialmente, metafisici.

Il nuovo organo di percezione è il pensiero.
La pittura è rappresentazione.
L'espressività primaria della materia dello scultore
è la pietra.
L'espressività primaria della materia del pittore
è il colore.

L'arte ha necessità, come l'uomo,
di un corpo sensibile.
La libertà in arte la troviamo solo
nel contenuto di pensiero presente.
Una conoscenza pura,
completamente concettuale,
priva di riferimenti sensibili,
può avere una sua ragione di essere.
Ma l'arte non può prescindere dal sensibile.

Il colore della materia,
non è un colore libero.
La luce fisica stessa lo trattiene,
lo chiude in se stessa.
Anche nel quadro è prigioniero della necessità.
Ma, in una certa maniera, deve poter esprimere
il suo stato metafisico.
I colori sono immateriali.

Il colore si trova allo stato solido,
allo stato liquido, allo stato aeriforme.
Utilizzati direttamente,
gli ultimi due stati della materia,
possono portare a vacuità metafisica.
Lo stato solido
è il più sordo degli stati,
ma la difficoltà,
ci mette al riparo dalla superficialità.
L'arte, però, non può aggiungere materia
alla materia.

Contrapporre il movimento del pensiero
alla sua staticità.
La natura delle idee non è materiale.
Dobbiamo fare molte variazioni.
La flessibilità, la variabilità,
avvicinano il pensiero allo stato reale degli eventi.
Al loro flusso.

Il tempo sussiste senza lo spazio.
Non è determinato da esso,
non è il suo percorso.
Il tempo è autonomia dell'essere.
Lo spazio è la deposizione del tempo:
ne deriva,
è conseguente ad esso.

La teoria dei colori di Newton
è teoria fisico-meccanica.
Non basta a spiegare tutto.
Il fenomeno naturale del colore
è più complesso di quanto si possa pensare.

Il tempo è dimensione dell'anima umana.
L'anima umana è strutturata in modo tale da
percepire coscientemente una tripartizione.
Il passato, il presente, il futuro,
sono le dimensioni umane del tempo.
L'uomo è l'essere intermedio
tra il transitorio e la persistenza.
I colori sono una attività del tempo;
possiedono una memoria.
Il tempo è la scrittura degli elementi.
È scrittura dell'aria, dell'acqua, del fuoco, della terra.

Il colore ha una doppia valenza:
fisica e spirituale.
La tela, i colori fisici,
sono come il corpo dell'uomo.
Il contenuto di pensiero del quadro
è come lo spirito dell'uomo.
I colori superano la loro fisicità
quanto più si avvicinano alla loro espressione
archetipica.
Far coincidere il colore materiale
con la propria caratteristica ideale,
significa,
spiritualizzare la materia.

In pittura
forma e contenuto sono inseparabili.
Il fatto stesso di dipingere
implica una richiesta di ascolto e di osservazione.
Non dobbiamo ignorare lo strumento principale
della pittura: il colore.

Il nero rappresenta il grado zero.
Cancella i colori, li assomma e li annulla;
in esso niente prende forma.
Il bianco è il principio di vitalità universale.
È il colore che contiene tutte le caratteristiche
degli altri colori;
ne rappresenta il massimo grado.

L'uomo, in quanto natura è immagine simmetrica.
In quanto portatore del pensiero individuale,
è asimmetria.
Nel caso dell'uomo, l'ordine naturale
diventa disordine.
L'uomo non è totalmente natura,
una parte di esso
è fuori della natura stessa.
Il disordine nasce quando una forza contraria,
comunque diversa,
entra nel gioco delle parti.

Bellezza, è non sottrarre le cose
al loro divenire.

Tutto ciò che è troppo definito,
uccide l'idea.

L'opera non è un oggetto, ma un'idea
fermata per un attimo.

Mobilità, è relazione tra due punti dello spazio, La ricerca temporale, estetica e conoscitiva, presuppone una necessità interiore, verso la persistenza e immobilità di valori ignoti.

L'uomo è un nostalgico di tali valori. "

L'arte moderna,
arte dell'uomo solo con se stesso,
è asimmetrica;
sostituisce il concetto di bellezza come ordine,
con il concetto di bellezza come disordine.
Il cosmo ripete se stesso,
ritmicamente,
ed è simmetria.

Nel colore verde, luce ed ombra sono in equilibrio;
è il colore della riflessione e del ragionamento.
È il colore dell'ordine naturale.
È il colore dei vegetali.
Si contrappone al rosso
che è il colore dell'istinto e della irrazionalità;
della passione dionisiaca.
Il rosso è il colore dell'uomo.
Natura ed uomo, sono essenze contrapposte.

Bianca è la luce universale;
è archetipo della natura e dell'uomo.
Nera è la tenebra dell'universo,
è assenza.
Bianco e nero sono essenze primordiali:
precedono l'ordine ed il disordine.
Nel regno minerale hanno il loro riflesso,
il loro ricordo cosmico più immediato.
Ad esempio, il diamante ed il carbone.

Il giallo è estroversione della luce;
si contrappone al viola che è introversione d'ombra.
In essi la presenza dell'uomo naturale non esiste.
La loro memoria è più cosmica che terrestre.
Il blu è il colore della interiorità dell'uomo,
è il colore della particolare affettività umana.
Si contrappone all'arancio
che rappresenta l'amore universale.

Ulisse, prende il remo e viaggia verso l'infinito.
Fino al paese dove non conoscono i remi.
Ulisse vuole essere uomo;
non vuol essere un Dio,
non vuole l'eternità.
Vuole essere un essere del transitorio.
Ma dell'eternità ha, in sé, nostalgia.
Il minerale sogna il tempo.
Lo spazio transitorio sogna il tempo
per poter essere di nuovo l'archetipo dello spazio.
Così l'io transitorio sogna il tempo
per poter essere di nuovo l'archetipo dell'io.

L'arte come la filosofia
deve comprendere il tempo partendo dal tempo.
Deve comprendere l'essere partendo dall'essere.

Arte è comprensione dell'essere.
Arte è comprensione del tempo.
L'essere non è stasi, è moto.
Così l'arte ha necessità
di espressioni adeguate allo stato particolare
dell'essere;
sempre variano, perché sempre varia.

Il tempo non ha definizione.
Quando vogliamo dare di esso un concetto,
lo vogliamo definire, entriamo nello spazio.
I veri colori sono il vero tempo.
Il tempo non ha forma.

Il tempo è l'Io interno in noi.
L'Io esterno lavora nello spazio.
L'Io interno lavora nel tempo.

L'orologio è la meccanizzazione del tempo.
È la traduzione meccanicistica dell'essere.
Il colore inteso come onda elettromagnetica
è la meccanizzazione spaziale del colore.

Pittura è colore tra definito
e indefinito.
E' rompere l'equilibrio naturale
per popolare l'ignoto.

Il colore è essenzialmente temporale:
quando è nello spazio prende forma.

Il futuro dell'Io dell'uomo è l'autocoscienza.
L'Io attraverso i contrasti è più forte e consapevole.
Rosso è l'Io dell'uomo,
quale risultato del succedersi del bianco e del nero.
Così l'arte ha necessità dell'ombra e della luce della
materia per poterla elaborare.

Nero, è il carbone,
dovuto alla combustione delle sostanze vegetali.
È l'ombra della materia.
È ciò che rimane delle sostanze che hanno
contenuto lo sviluppo e la crescita.
Che hanno contenuto la luce, il bianco.
Il nero accompagna la perdita di una sostanza.
Il nero è ciò che resta
dell'azione distruttrice del fuoco.

I nostri occhi
trasmettono una immagine dell'uomo
con limiti definiti.
L'uomo del calore e del respiro,
ha una configurazione diversa;
priva di limiti è posta in relazione con l'esterno.
L'uomo del tempo, a maggior ragione,
non ha una forma rigida.
La rigida fortezza dell'essere temporale,
della coscienza, non deve essere distrutta
ma deve essere aperta.
L'apertura non significa perdita di coscienza
ma altresì aumento della coscienza.
L'uomo può essere rappresentato, pittoricamente,
in forma aereo-fluida.

Come l'uomo ha i suoi pensieri, le volizioni,
il suo sentire soggettivo,
il quadro deve avere una sua anima indipendente.
Il quadro è come un pianeta.
È unico e irripetibile.

Pittura è lo studio del tempo che è.
Lo spazio e il tempo in noi coincidono:
nell'essere prendono essenzialità,
l'essere stesso è spazio e tempo.
Lo spazio è necessità del tempo.

Non dobbiamo conformare il senso del tempo
al senso dello spazio,
alla presenza del singolo momento.
Il tempo non ha una configurazione di tipo spaziale,
comprende più cose simultaneamente.
Come nel ricordo, gli avvenimenti di momenti diversi
sono riuniti in una sola unica coscienza.
Il tempo è bidimensionale.

A volte la simmetria, in pittura,
non è estrinseca; è nel ritmo stesso del pensiero contenuto.

I processi generativi, contrari e opposti,
nascono direttamente, nei colori,
dalle azioni del bianco e del nero.
In senso fisico-naturale, il bianco che si oscura
dà origine al giallo;
il nero che si rischiara
dà origine al blu.
Nel centro, l'equilibrio tra luce e oscurità: il verde.
Bianco-Giallo-Verde-Blu-Nero.
In senso metafisico, quando l'oscurarsi del bianco
incontra la luminosità del nero,
ha origine il rosso.
Il colore dell'Io dell'uomo.
Bianco-Giallo-Rosso-Blu-Nero
Verde è l'ordine naturale.
Rosso è l'essere.

Il pensiero scritto chiude in forma rigida il pensiero-pensato.

Il pensiero è movimento; è il fluire delle cose.

L'arte non può essere osservata attraverso la propria riproduzione.

Nella riproduzione i colori sono morti.

Nel Rinascimento, il disegno preparatorio,
era fondamentale. La figura disegnata
era la forma alla quale veniva legato il colore.
Pensiamo che la forma sia composta da materia;
il disegno la raffigura perché ne definisce
i confini spaziali.
Il colore è contenuto nella luce,
si diversifica secondo la riflessione
causata dalla qualità della materia su cui essa batte.
In senso spirituale il processo è inverso.
Prima esiste il colore poi la forma.
Il colore è il contenuto del tempo;
la forma, la sua condensazione nello spazio.
La forma è generata dal colore; è tratta dal colore.
Non è disegnata precedentemente.
Questo processo è l'opposto di quello tradizionale.

Il respiro, il calore, fanno parte del mondo
delle forme.
Il pensare e la parola fanno parte del mondo
dei colori.

I processi metamorfici del quadro,
i processi di movimento, non devono essere
indirizzati ad un fine di stasi.
Il quadro deve mantenere il movimento,
anche quando è compiuto.
Deve essere in grado di suggerire quello che sarà
l'istante successivo a quello in cui è stato fermato.
Pittura, è fermare per un solo istante il tempo.

La materia è incolore.
Luce e tenebra sono gli archetipi dei colori.
Sono il massimo del chiaro e il massimo dello scuro.
Si dice che i colori nascono dal chiaro e dallo scuro;
ma il chiaro e lo scuro sono già colori.

Per l'artista, il fenomeno colore non si esaurisce nella sola percezione.
I differenti colori percepiti hanno il loro differente riflesso nell'interiorità.
Ciascun colore a partire dalla più semplice sensazione al più complesso approfondimento,
diventa nell'interiorità dell'uomo, una forza agente.
Fino al punto in cui per sentire in sé la presenza dell'attività di un colore non importa che questo sia percepito esteriormente;
il colore può avere una sua vita autonoma all'interno del mondo immaginativo dell'artista.

Il colore non esiste solo fuori di noi,
ma esiste anche dentro di noi.
Nella nostra interiorità è nel mondo che più gli appartiene,
che più lo caratterizza.
Il colore non è un enunciato matematico-fisico.
Il nostro stesso essere, si manifesta come colore.

Ogni colore ha differenti caratteristiche,
che esulano da semplici schemi di concetto.
Ogni colore varia a seconda degli stati in cui si trova,
e a seconda delle relazioni con gli altri colori.
Esiste così una prospettiva interiore.
Esistono paesaggi ed esseri che rappresentano immaginativamente l'interno dell'uomo.
Quando poi, torniamo all'osservazione dei fenomeni naturali,
ci accorgiamo, che anche in quel luogo
il colore è mutevole e variabile.

Le forme naturali più dipendenti dall'azione di colori,
sono quelle animali.
Queste forme dipendono dalla espressione animica ad esse correlata.
Ad esempio, il coraggio, la paura, la forza, la debolezza.
Queste espressioni altro non sono che azioni di colori.

L'albero non ha un presente. Notte e Giorno della coscienza,
Sono il presente che è passato.
La coscienza dell'albero e la coscienza dell'uomo sono degli opposti. Per l'uomo è impossibile l'esperienza del presente puro. Perchè il presente portato a coscienza è già passato.

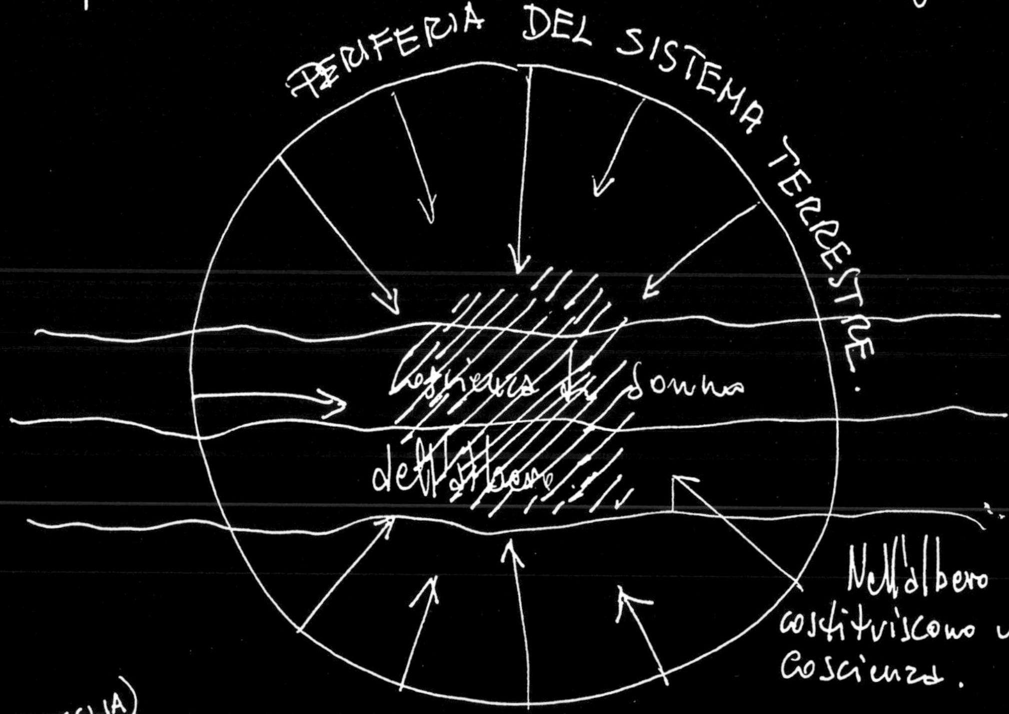

Nell'albero luce e materia costituiscono un unico atto di coscienza.

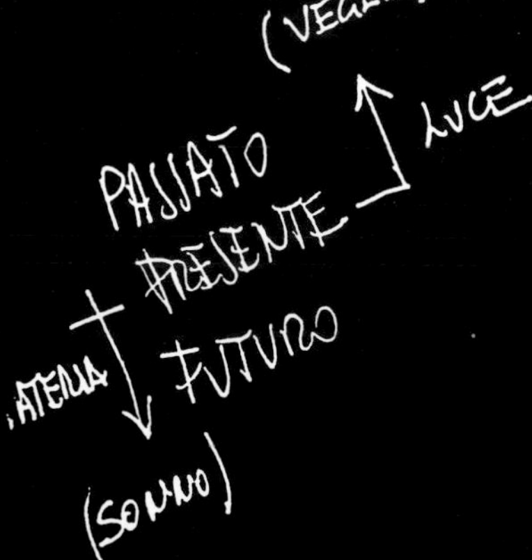

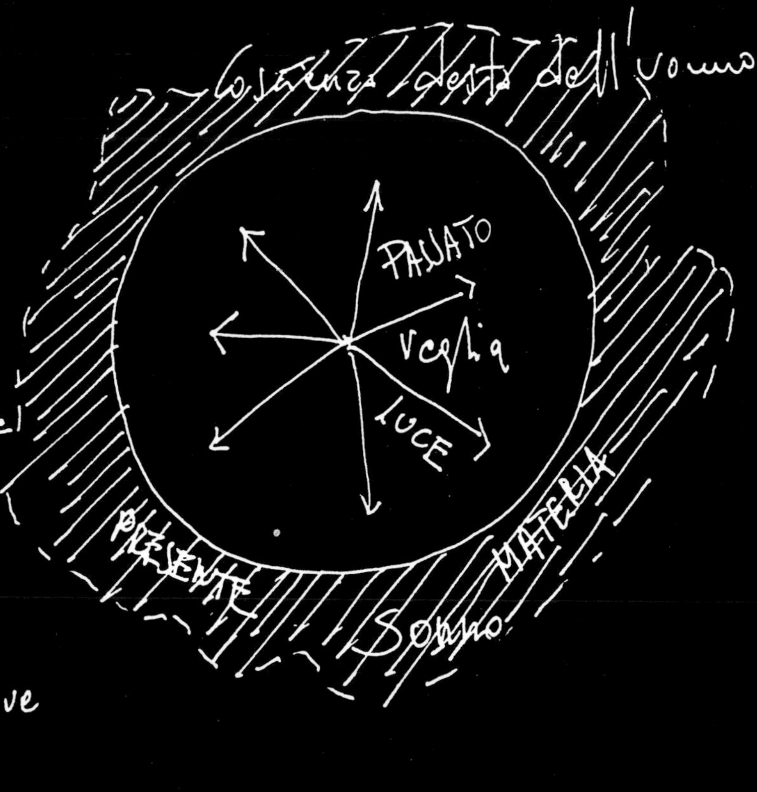

La differenziazione di Luce e Materia porta la coscienza del passato - presente - futuro.
Per l'uomo luce e materia sono due distinti atti di coscienza.

Io dell'uomo tra notte e giorno.

Notte → Cosmo

Giorno → Terra

L'uomo trova il presente puro nella notte che finisce.

Nel giorno vive il passato.

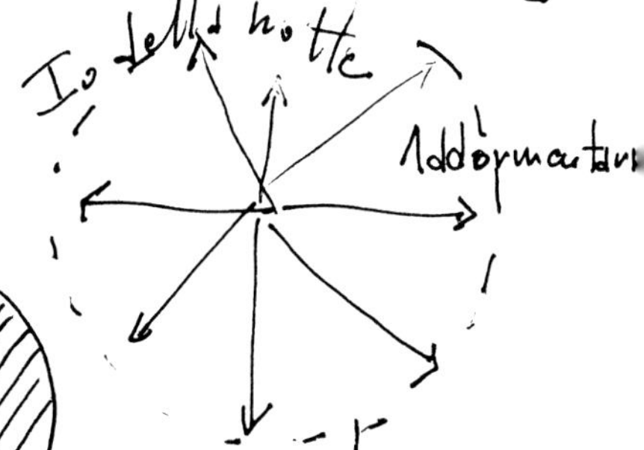

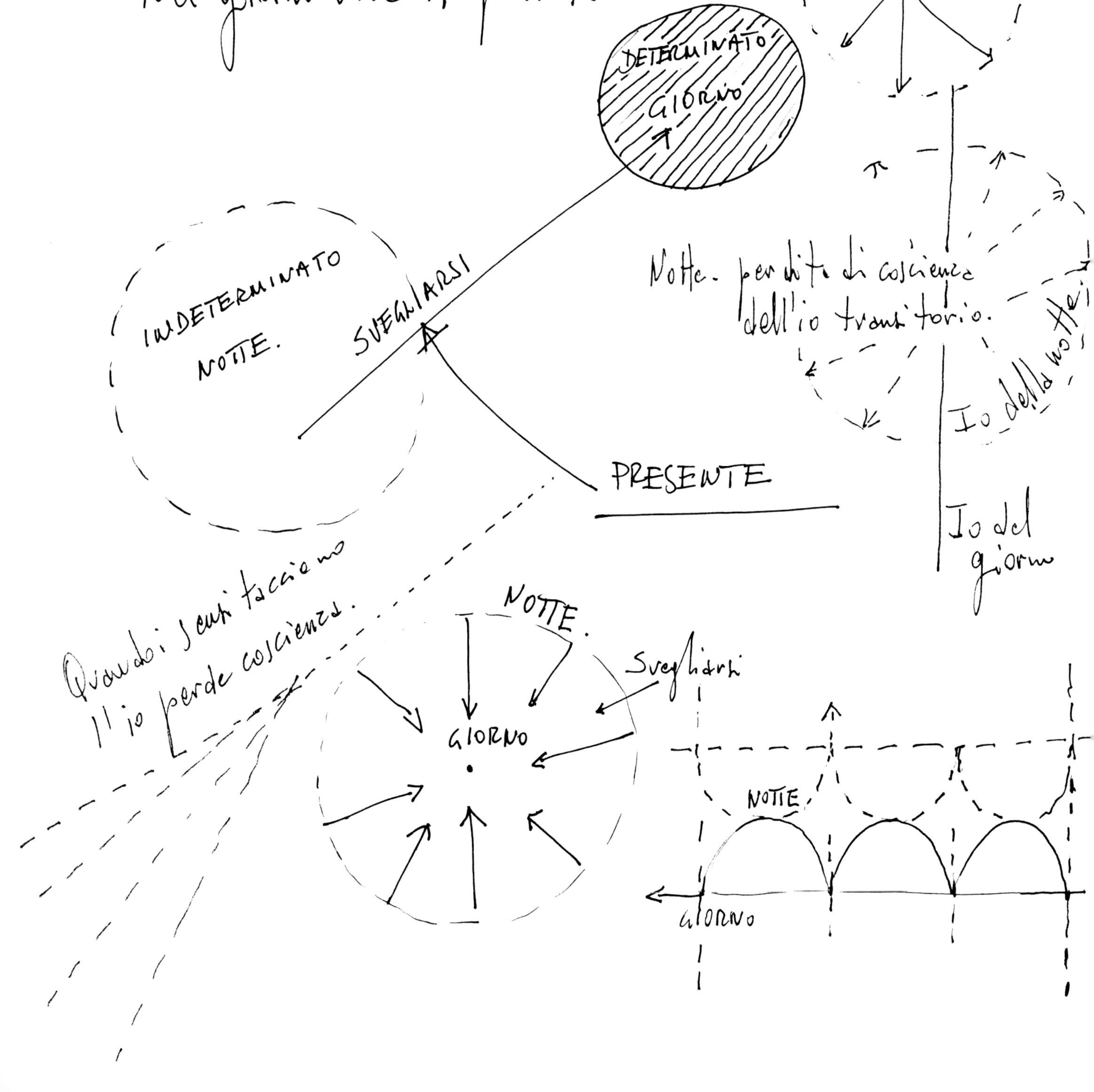

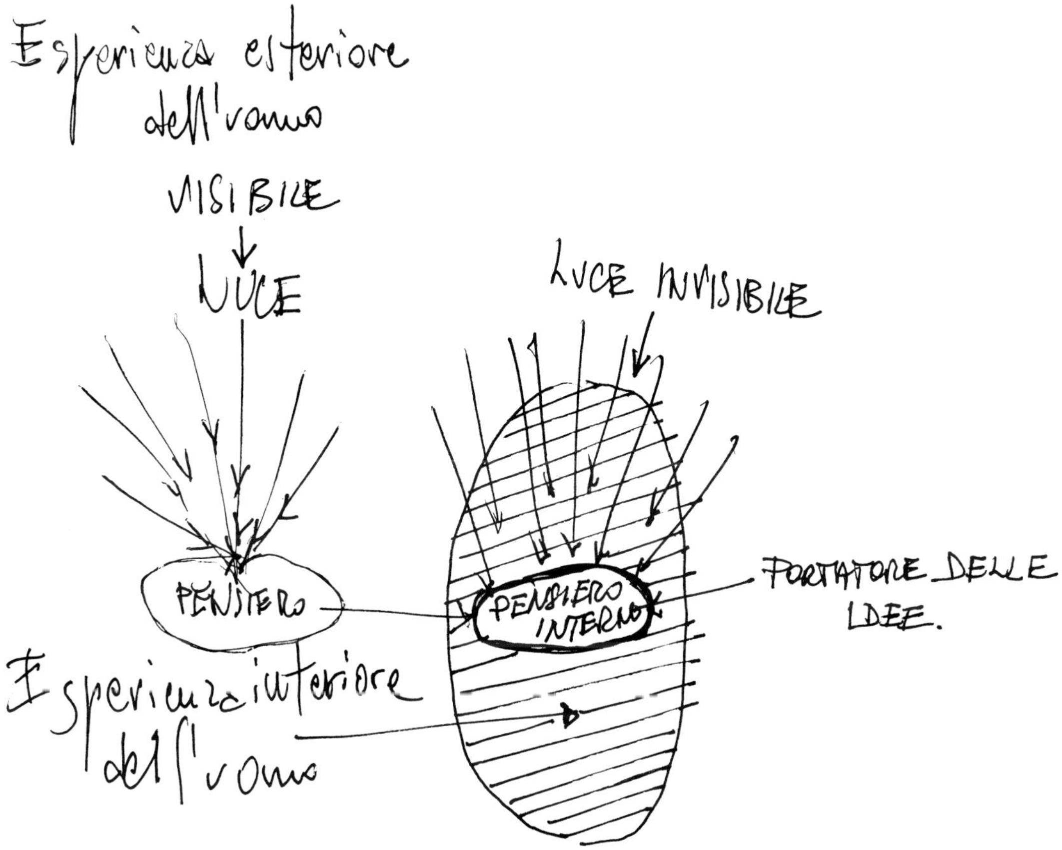
Esperienza esteriore
dell'uomo
VISIBILE
LUCE
LUCE INVISIBILE
PENSIERO
PENSIERO INTERNO
PORTATORE DELLE IDEE.
Esperienza interiore
dell'uomo

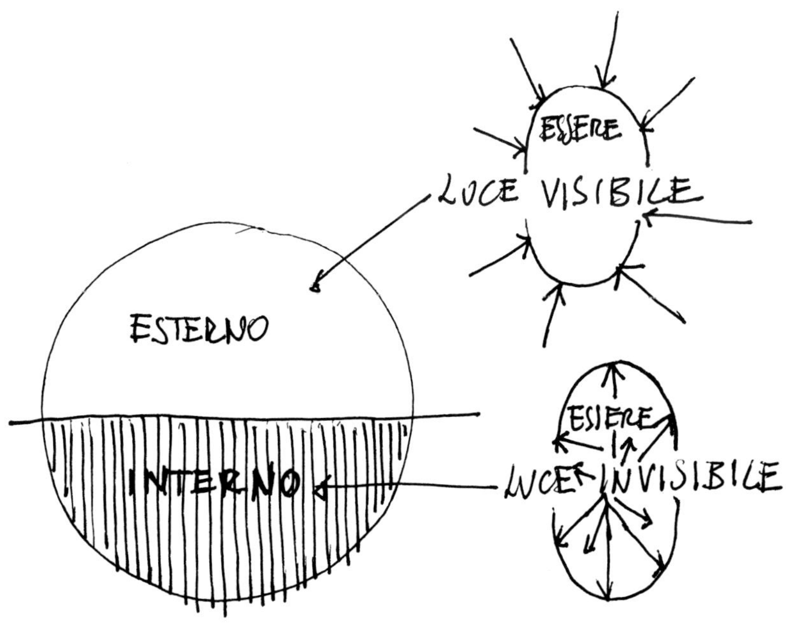
ESSERE
LUCE VISIBILE
ESTERNO
INTERNO
ESSERE
LUCE INVISIBILE

Spazio è archetipo della distanza.
È la linea che congiunge il nord al sud.
In esso lavora il divenire delle forme.
In esso abitano gli esseri del transitorio.

I nostri occhi trasmettono l'immagine,
il riflesso, lo specchio della natura.
Non è la natura che si manifesta nell'uomo.
L'occhio si frappone fra la natura e l'essere.
È come un mezzo di trasmissione intermedio in
un continuo flusso fra esterno ed interno.
L'occhio è una parete divisoria
tra il tempo e lo spazio

Il freddo produce le forme,
le cristallizza.
Il calore le dissolve, le cancella.
Il polo rosso-blu è generatore di forme;
il polo rosso-giallo è dissolvenza.
Quando l'uomo è chiuso in sé,
prevale il freddo, il rosso-blu;
quando si rivolge all'esterno,
quando dimentica se stesso,
prevale il rosso-giallo.

L'uomo per sua natura corporea,
e per lo spirituale in sé,
è colui che deve trasformare lo spazio-tempo in tempo.
Gli occhi gli trasmettono una natura a sé stante,
un corpo fisico che è natura.
Non trasmettono nulla dell'essere
che in quel corpo vive.
La percezione interna di sé,
il senso dell'io, è coscienza invisibile.
L'uomo vive questa separazione.
La parola, il pensiero,
lo pongono in relazione con gli altri esseri.
Se potenziati e sviluppati
possono consentire di superare i limiti spirituali
e naturali.
Il respiro, il calore,
pongono l'essere in relazione con la natura.

Il tempo non ha definizione. Quando di esso vogliamo dare un concetto, lo vogliamo definire, entriamo nello spazio. I veri colori sono il vero tempo. Il tempo non ha forma.

Uomo e natura sono,
nell'esperienza, una polarità.
L'uomo sente se stesso come essere interno
e la natura come ambiente in cui vive,
esterno a lui.
In pittura interno ed esterno, coincidono.
L'interno è posto in relazione con l'esterno,
e l'esterno con l'interno.
Questo è lo studio del tempo.

Le idee sovrasensibili possono essere
oggetto di studio del pensare,
ma della loro esistenza,
non possiamo essere certi,
perché non percepibili.
I sensi possono essere ampliati.
Il pensiero può essere il nuovo organo di percezione.
Filosofia ed arte sono inscindibili;
sono la ricerca dell'ignoto sovrasensibile.

Non dobbiamo liberarci della materia
come se fosse una scoria da buttare.
La materia deve poter essere spiritualizzata.
Sembra che nell'arte contemporanea,
il problema della spiritualità,
non riguardi la materia delle opere
ma la sola coscienza.

Nelle cose di natura,
sussistono contemporaneamente la vita e la morte.
La vita non ha forma ed è impercepibile.
La morte è la forma stessa.
Quando si raffigura realisticamente la natura,
basandoci solo su quello che gli occhi vedono,
raffiguriamo solo la morte.
La vita per questi oggetti è scomparsa.

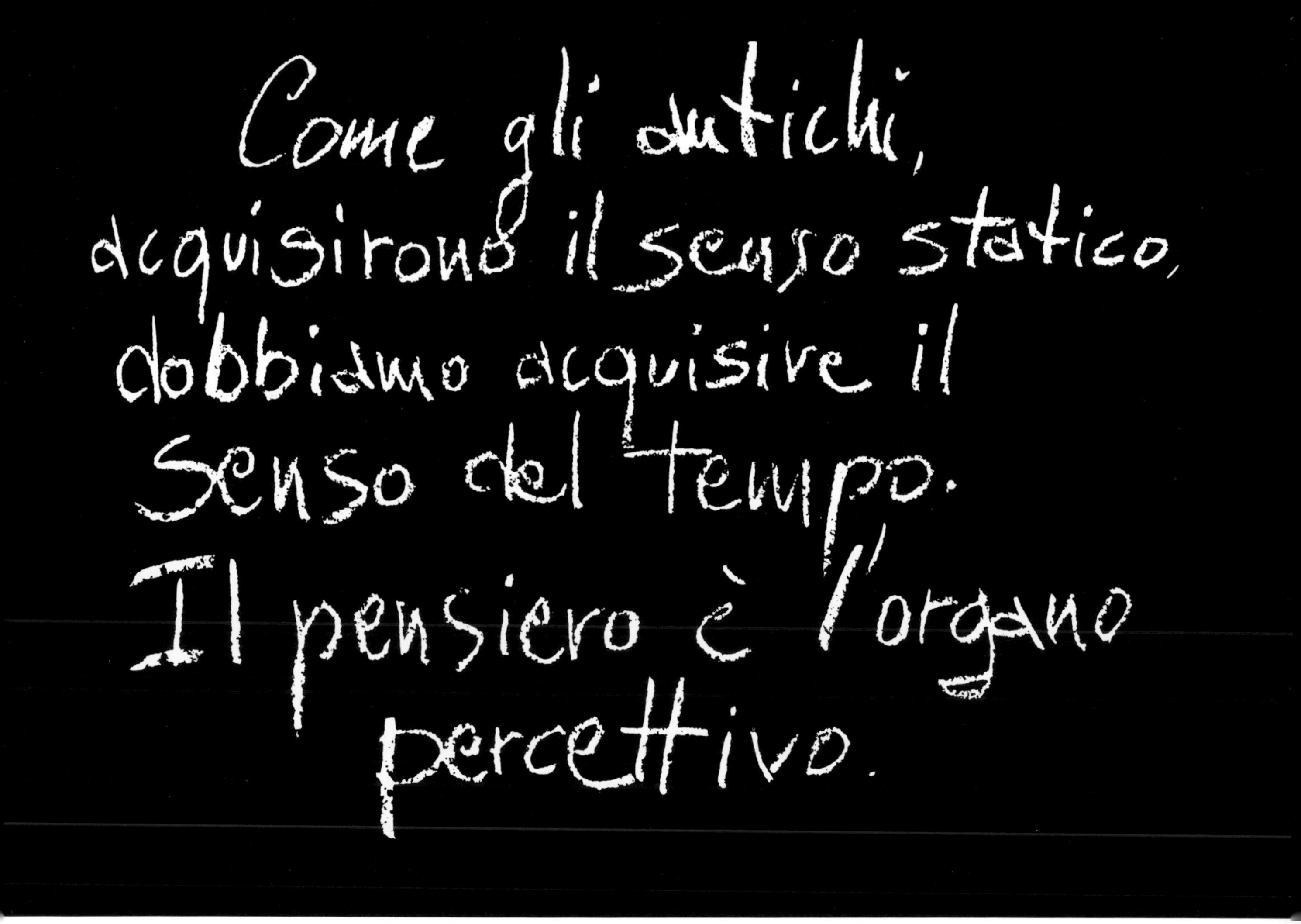
Come gli antichi,
acquisirono il senso statico,
dobbiamo acquisire il
Senso del tempo.
Il pensiero è l'organo
percettivo.

Nel pensiero, vita e morte, coincidono.
Il pensiero che dà forma,
che definisce con rigidi contorni i concetti,
è l'ombra del pensiero.
Il pensiero che rende liberi dalle forme,
è il pensiero della metamorfosi.

Arte, è la metamorfosi della figura che muore,
ed è irrigidita, in una figura viva.
Il nero definisce le forme,
la luce le dissolve.
Così il senso del tempo.

Le cose che sono vive,
sono equilibrio fra vita e morte,
tra essere e forma.
Quando l'equilibrio si spezza, la forma
visibile lentamente si dissolve, scompare,
mentre la vita diventa subito impercepibile.
Queste due "scomparse" danno origine
ad un nulla percettivo.
Totale assenza, non colore.
Quando la forma scompare,
siamo di fronte all'assoluto zero.
I nostri limiti percettivi non consentono altro;
non consentono di seguire il tempo privo di forma.
Il bianco, con i suoi colori, diventa impercepibile.
Il nero, la forma, prosegue per breve tempo.
Poi il non colore, l'assenza .
La forma senza l'essere non sussiste.
L'essere non può vivere senza la forma.

L'arte del novecento per la prima volta
nella storia, è arte dell'uomo.
L'artista è solo con la sua opera,
libero da qualsiasi influenza creativa esterna.
La natura è simmetria
come simmetria è l'arte del passato.
Arte ispirata.
L'uomo è asimmetrico
come asimmetrica è l'arte del nostro secolo.

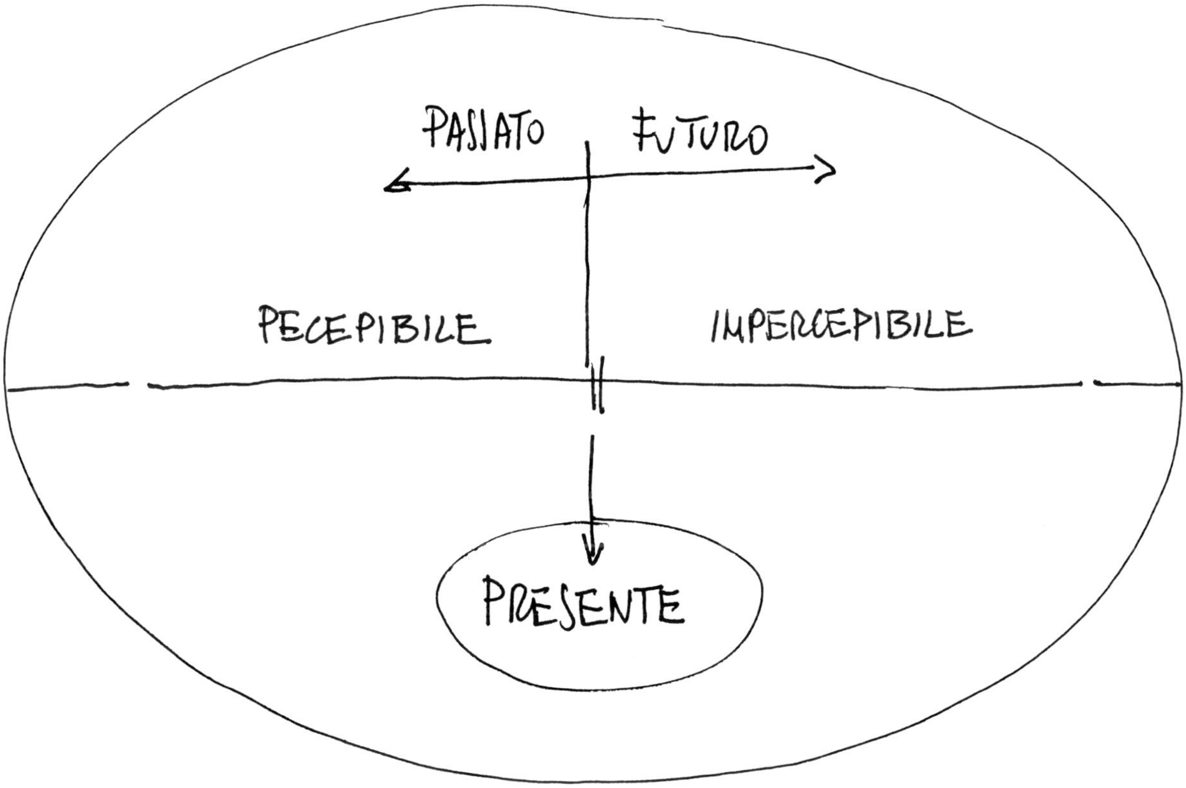

Il tempo si essenzializza tra il percepibile e l'impercepibile. Il presente è posto tra ciò che muore e ciò che nasce.

Il blu tende a chiudersi in sé;
è il colore dell'interiorità nostalgica e malinconica.
Ha necessità dell'estroversione nella vita periferica,
dell'arancio.
L'arancio è il colore delle relazioni.
Pone l'essere in simbiosi con gli altri esseri.
Il blu è il colore che vive al centro.
È un colore lunare.
Come tutto ciò che è lunare è affine all'acqua.
L'arancio è affine al calore.

Se non esistesse la forma
anche il colore perderebbe la sua funzione;
l'artista sarebbe un'alga nell'acqua,
priva di coscienza ed espressione di vita pura.
Il contrasto essere-natura,
produce lo sviluppo della libera coscienza.
La forma è dunque necessità: così il pensiero.
Il pensiero universale non potrebbe portare coscienza
se una parte di esso non fosse divenuta scoria, forma:
l'intelletto.

I colori chimico-fisici fanno parte delle
forme morte, come la tela, il legno o la carta,
come qualsiasi supporto.
Quello che l'artista riesce ad immettere
di se stesso, nella materia morta
dei supporti e dei colori, diventa "arte".

Che senso può avere l'arte se dell'uomo
si riconosce solo la parte fisico-corporea
o al massimo la parte psichica?
Che importanza può avere l'arte che non è
strumento filosofico-conoscitivo dei mondi metafisici?
Così facendo si riduce l'arte ad oggetto,
a merce da vendere.

Il nuovo disegno
è scrittura in bianco e nero del pensiero.
L'arte del pensiero sostituisce l'arte del disegno.

Racchiusi i suoni
eclissati in mura.
Zone ocra,
sensazioni e terra.

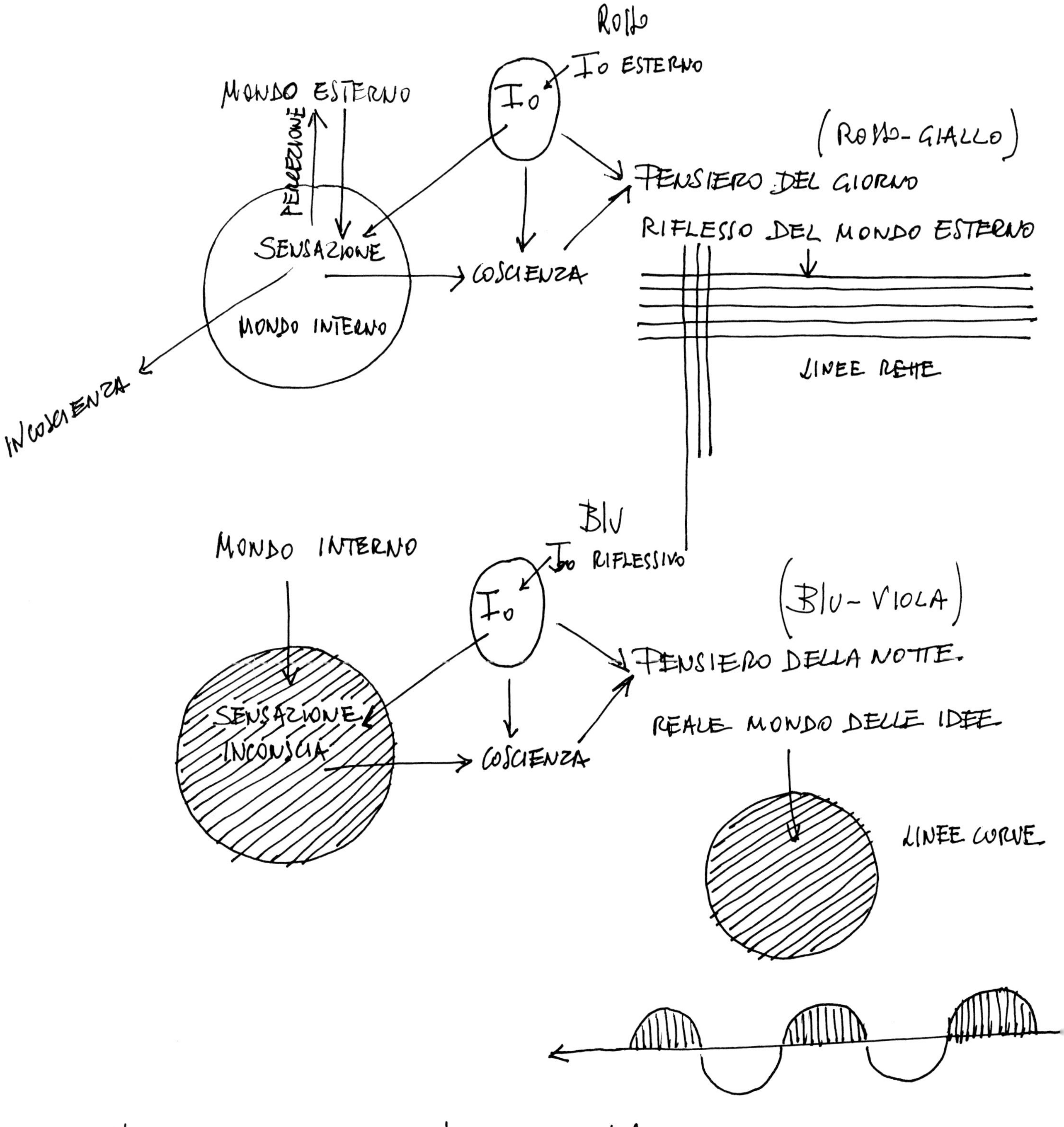

L'Io esterno elabora il pensiero del giorno.

L'Io riflessivo elabora il pensiero della notte.

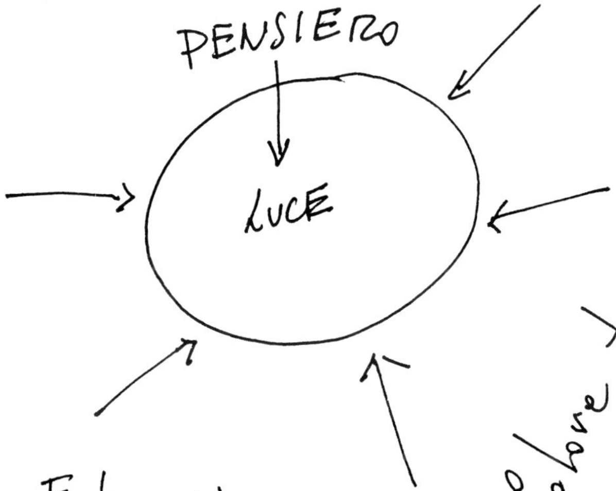

Colore tra luce e materia.
Nel colore la materia è importante quanto la luce.

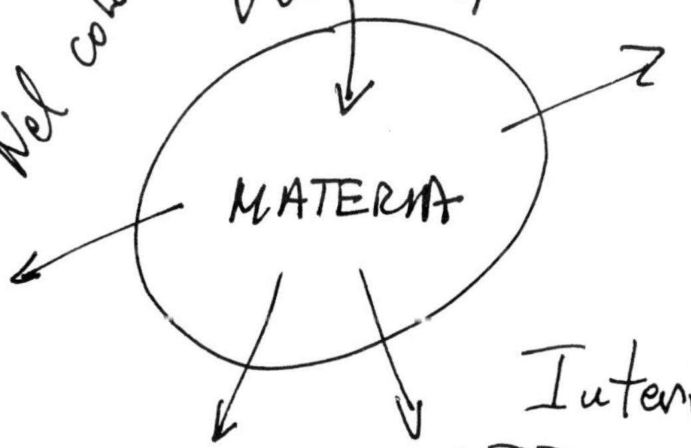

Estroversione

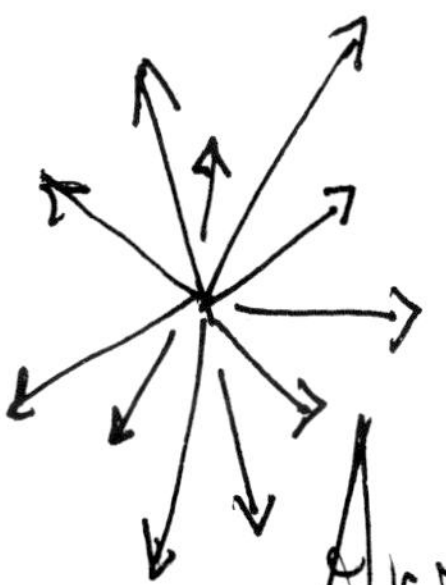

GIALLO

Interiorizzazione

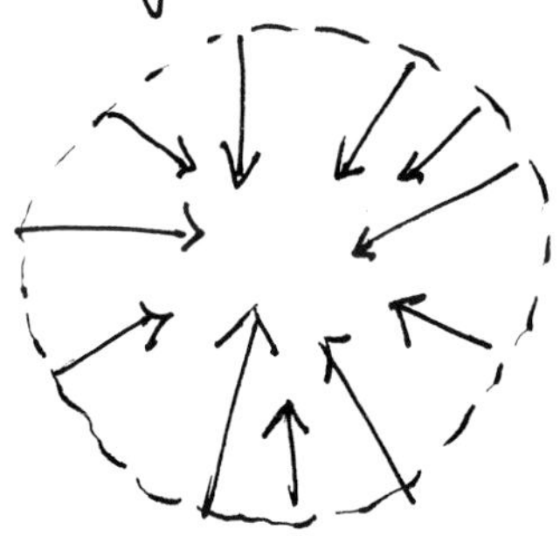

BLU

Arte tra luce e materia.

Arte tra pensiero e volontà.

(La luce è esteriorizzazione di pensieri)

(La materia è estrinsecazione di volontà)

Persefone, quale antica percezione spirituale del mondo,
viene rapita dalla percezione della sostanza del mondo.
La percezione dello spirito, scompare nell'uomo,
perché l'uomo vive nel pianeta terra.
Perché l'uomo vive le forme.
Persefone è l'intuizione cosciente dell'atto del pensiero.
Persefone, nel mondo delle forme del pensiero,
nell'intelletto umano,
è in esilio.

Giallo, è attività della luce;
è contrapposto al viola, attività dell'ombra.
Nel viola, l'interiorità chiusa in sé
va verso l'azione.
Azione interiore – viola
Azione esteriore – giallo

L'uomo forma i propri pensieri sulla natura,
in relazione a ciò che percepisce,
che i sensi trasmettono.
I nostri occhi danno una immagine della natura
con determinati fissi contorni,
ma la natura è strutturata in maniera meno rigida;
è variazione e mutevolezza,
è caos ordinato,
molto di essa è impercepibile.
La forma solo apparentemente è immutabile.
Nel mondo dell'aria
ogni istante è diverso da ciò che lo precede.
Eppure fa parte del mondo delle forme.
Ha forma il calore, l'umidità, il profumo,
il respiro, la luce.
Ma in questo mondo di relazioni,
la differenza tra interno ed esterno,
è sempre meno evidente.
Anche le forme più fisse sono in movimento,
se si trasferisce la percezione dell'attimo,
in un più lungo contesto temporale.
La stasi in natura non esiste.

Arte è ciò che sviluppa coscienza nell'uomo.
Non può ripetere ciò che viene percepito naturalmente.
Arte espressione del tempo.
Non del tempo che è espresso sensibilmente.
In quanto questo tempo manifesto è già morto.

Natura è passato.
Il mondo delle forme è lo stato creativo del passato.
La contemporanea opera d'arte è l'atto creativo dell'uomo.
Nell'atto creativo dell'uomo si realizza il presente.
L'opera d'arte dell'uomo al momento che è finita, è passato.
Il presente non ha forma, è impercepibile.
È l'attimo spirituale della creazione artistica.
Ciascun individuo lo sperimenta in se stesso, è vita solo nell'attimo precedente la sua stessa percezione.
È coscienza di sé.
Il presente è fuori dell'equilibrio naturale delle cose.

Il rosso vivo mescolato al nero, dà il verde.
(Platone – Timeo)
In natura il verde è l'immagine,
la manifestazione del rosso vivo contenuto nel nero della forma.

Il rosso vivo nasce dal giallo e dal grigio.
Il colore brillante misto di rosso e di bianco dà luogo al giallo.
Il bianco combinato con un colore brillante quando cade nel nero dà il blu.
(Platone – Timeo)
La luce quando cade nell'ombra genera il blu.
Il blu è il massimo grado di oscurità della luce.
Il giallo è il minimo grado di oscurità della luce.
Tutti i colori sono degli oscuri.

TEORIA DEGLI OPPOSTI - STATO DI VEGLIA E STATO DI SONNO.

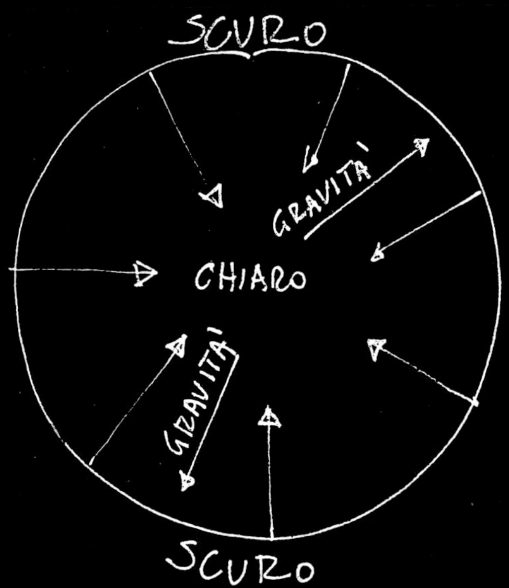

Azzurro - Forza centripeta.
E' scuro alla periferia, tende a dissolversi al centro.
La forza gravitazionale è opposta al movimento centripeto
La gravitazione è periferica.

L'AZZURRO PRODUCE UNA COSCIENZA DI SONNO.

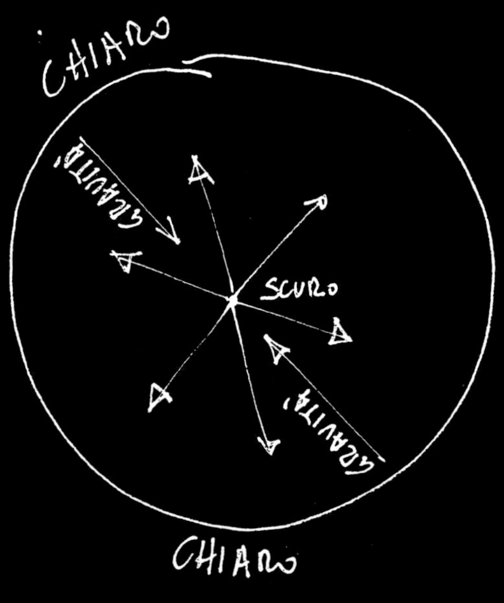

Giallo - Forza centrifuga.
E' scuro al centro, tende a dissolversi nello spazio esterno.
La forza gravitazionale è opposta al movimento centrifugo
La gravitazione è centrale.

IL GIALLO PRODUCE UNA COSCIENZA DI VEGLIA.

TEORIA DEGLI OPPOSTI _ STATO DI VEGLIA E STATO DI SONNO.

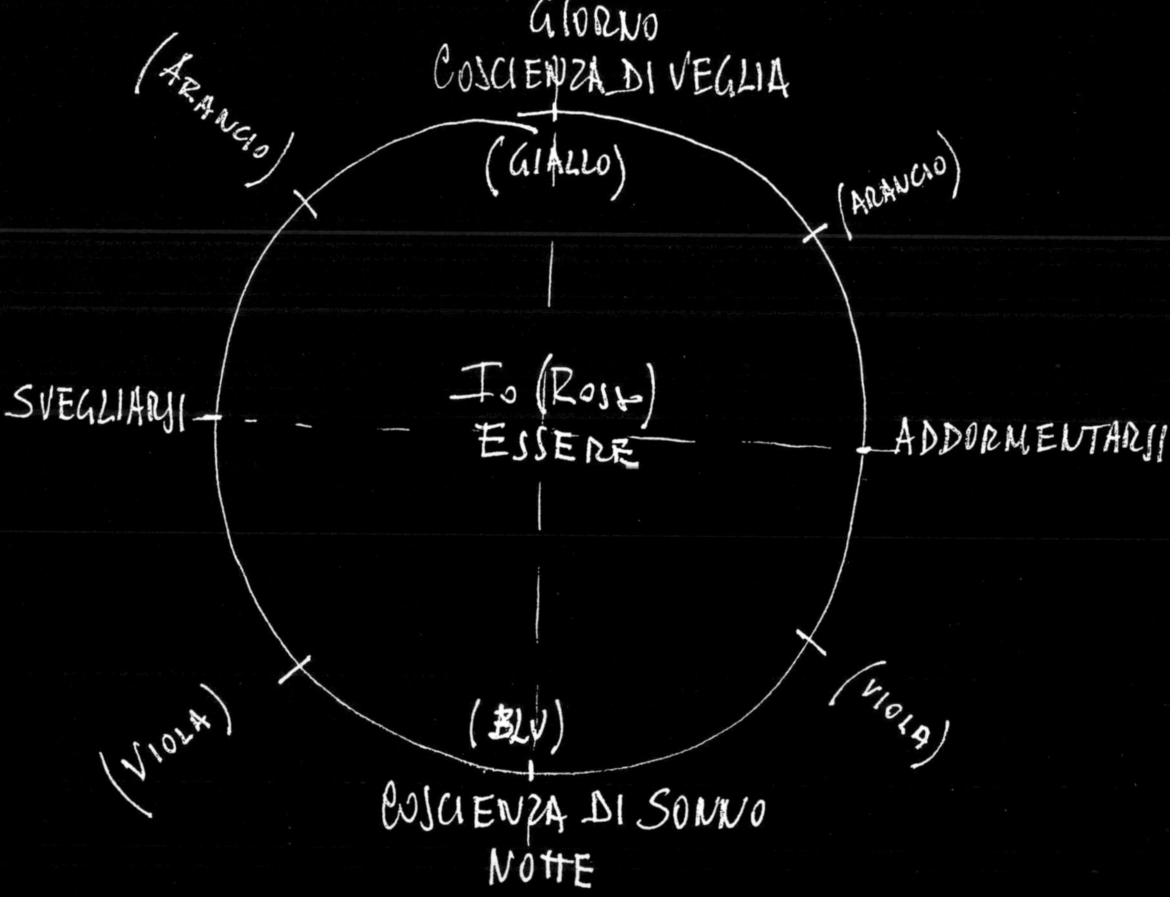

SVEGLIARSI, E' AZIONE DEL VIOLA VERSO L'ARANCIO.
ADDORMENTARSI, E' AZIONE DELL'ARANCIO VERSO IL VIOLA.

ARTE, E' NECESSITÀ DEL GIORNO DI ESSERE NOTTE.

Il vuoto ha la propria immagine manifesta nel nero.
Nel nero abbiamo una immagine
sensibile-sovrasensibile del vuoto.
Un essere vivente vegetale bruciato
si manifesta nel nero del carbone.

L'arte propone ed evidenzia
un sensibile-sovrasensibile, ovvero
un sovrasensibile-sensibile.
Si tratta, dunque, di essere né astratti né figurativi.

Il pensiero è base dell'arte,
dell'arte dell'uomo cosciente.
È indispensabile ma non sufficiente.
Per fare arte occorre un particolare sentire congiunto
al pensiero.

In arte la più semplice sensazione
è importante quanto il più complesso pensiero.
La sensazione varia tra il polo del calore al polo del freddo.

L'uomo è tripartizione:
pensare, sentire, volere.
L'arte comprende l'uomo nella sua totalità espressiva.
Una delle tre forze, da sola, è unilaterale.

Nelle danze del Kerala
i personaggi buoni hanno la faccia verde.
I personaggi cattivi hanno la faccia nera.
Gli dei hanno la faccia rosa o rossa.

Terra-Marrone. Nero-Carbone, Pianta-Bruciata.
Grigio-Cenere-Uomo.
Rosso-Vivente. Azzurro-Anima. Giallo-Spirito.

Il pensiero dell'uomo è intermedio tra
tempo transitorio e tempo permanente.
Se l'uomo fosse solo essere del transitorio
non potrebbe pensare e sviluppare una coscienza.
Lo stesso, se fosse un essere della permanenza.

Non dobbiamo conformare il senso del tempo al senso dello spazio, alla presenza del singolo momento. Il tempo non ha una configurazione di tipo spaziale, comprende più cose simultaneamente. Come nel ricordo, gli avvenimenti di momenti diversi sono riuniti in una sola unica coscienza. Il tempo è bidimensionale

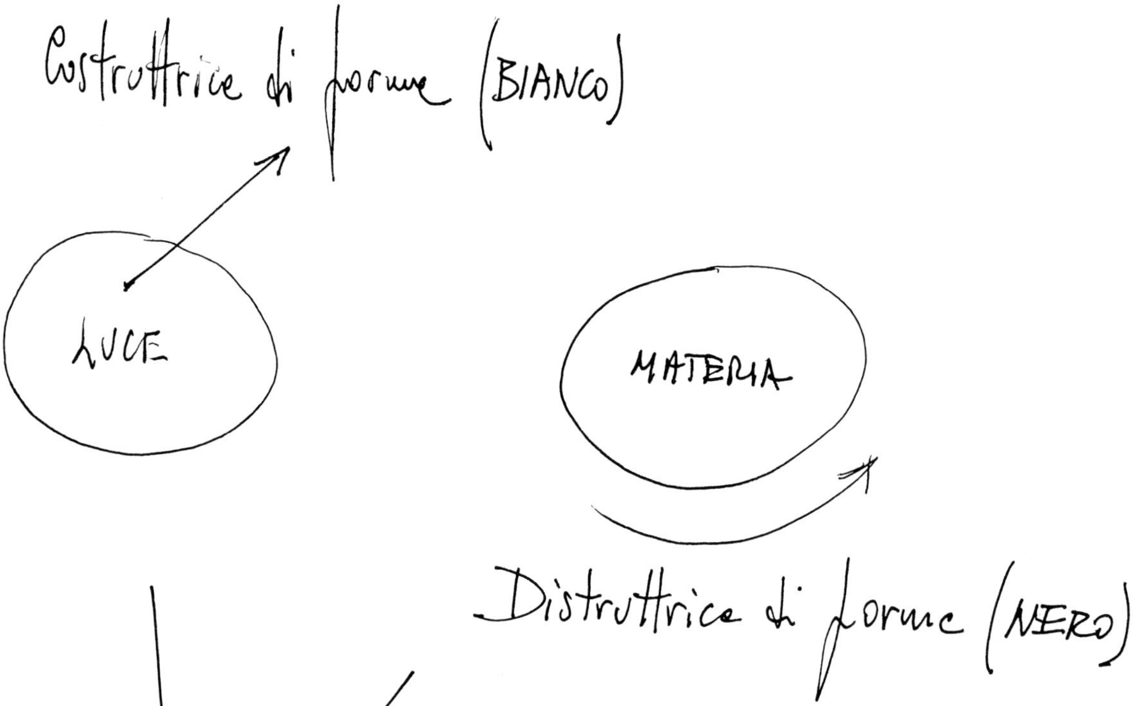

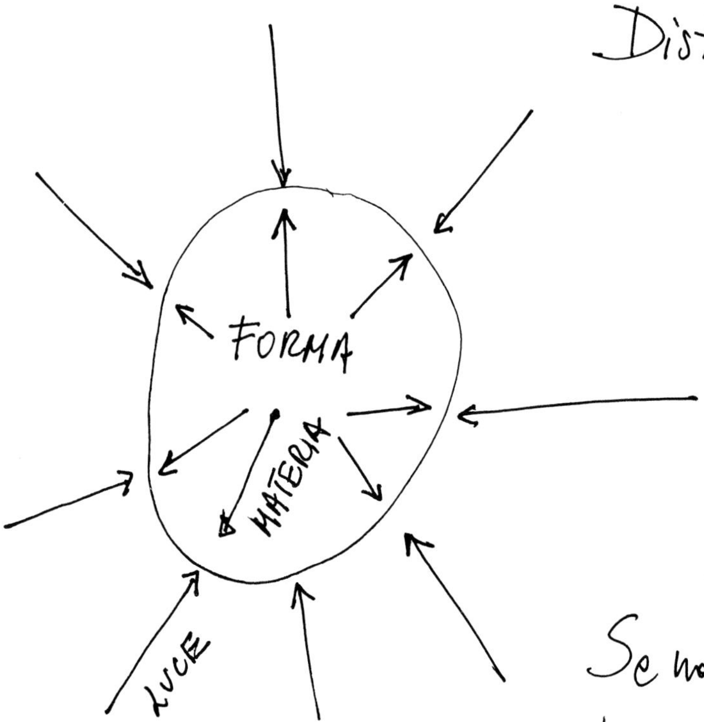

La forma non è solo materia.
Se non ci fosse la luce non esisterebbe.
La materia senza la luce è dissolvenza.
La materia è distruttrice di forme.
La luce è costruttrice di forme.

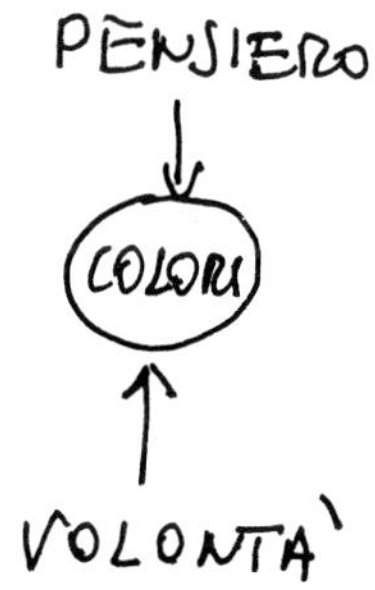

Ciò che non ha forma, come la luce, costruisce la forma stessa.

Ciò che possiede forma, come la materia, vuole distruggere la forma.

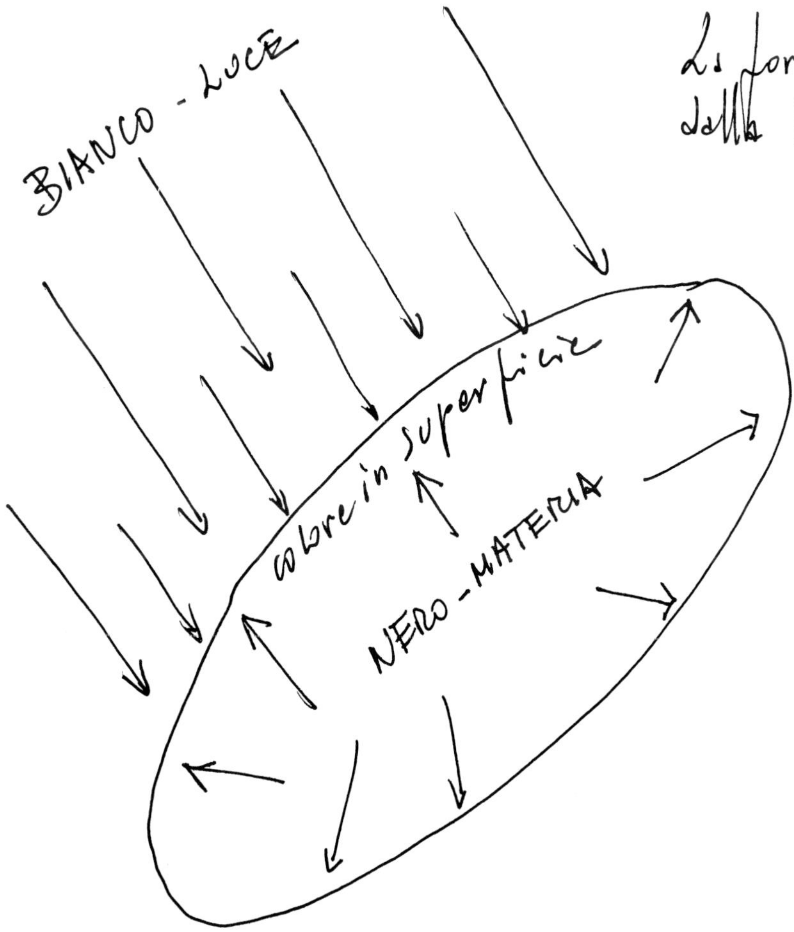

La forma è mantenuta dalla luce.

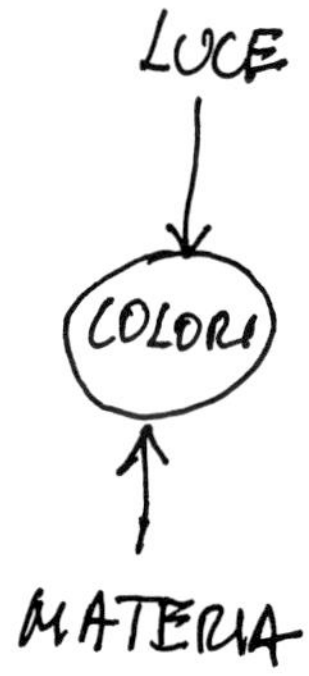

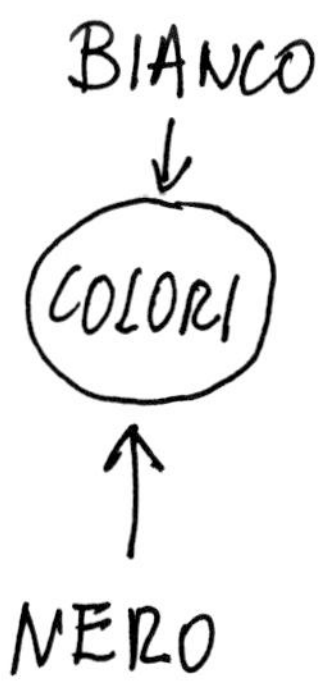

L'aria vuole essere forma - La pietra vuole essere aria.

Importante, per la coscienza dell'uomo,
il fenomeno delle immagini.
Sviluppo della libertà significa
vivere entro le immagini.
Libertà significa osservazione e riflessione:
lo sviluppo di un Io capace di essere al di fuori
delle cose stesse.
Contrapporsi ad esse, e quindi, conoscerle.
Simmetria-Asimmetrica.
L'immagine non è cosa in sé;
immagine è ciò che non è.
L'uomo vive nelle immagini
per sviluppare la conoscenza delle cose che sono.

La dimora del Dio era il Tempio,
espressione del naturale-spirituale.
L'Io dell'uomo era esterno ad esso.
Al di fuori.
La perfezione può essere osservata solo da fuori.
L'uomo era un essere del transitorio, di natura
indefinita.

Il contrasto complementare tra il verde ed il rosso
equivale al contrasto tra l'intelletto,
immagine del pensiero,
ed il pensare stesso.
L'intelletto è forma ed esiste per le forme.
Il pensare è attività: esiste per sviluppare
la coscienza.

I colori consentono di penetrare i ritmi
e le profonde architetture dell'essere.
I colori hanno una magia naturale.

L'uomo non è caratterizzato da forma o materia
o dalla stretta necessità naturale.
Per il fatto che possa sviluppare il pensiero,
è caratterizzato dalla libertà.
Nell'atto del pensiero l'uomo è solo.

Il polo dei colori freddi ha in sè il principio della forma. Il polo dei colori caldi invece tende alla dissolvenza.

Il pensiero razionale è da equiparare al polo del freddo. Dà forma, concettualizza.

Il pensiero della metamorfosi è da equiparare al polo del calore in quanto trasformabile.

Anche i colori detti freddi possono diventare caldi e viceversa!

Il colore è forma e non-forma.

La memoria sottrae al tempo-spazio
e all'oblio, l'attimo, unico
e irriproducibile. Lo conduce al
tempo-temporale.

Il tempo-temporale è il passato
che non passa.

L'uomo nella scala degli esseri
non ha una collocazione
strettamente vincolata a necessità naturali:
l'uomo può muoversi liberamente tra luce ed ombra,
tra bianco e nero.
Tra questi estremi si colloca l'Io-uomo,
caratterizzato dal rosso agente.
Il bianco e il nero sono l'ambiente naturale
e spirituale
in cui egli svolge la libertà, il pensiero.

Il rosso dell'Io che vive nel nero della forma,
è il marrone del corpo del Faraone,
al cospetto del bianco dio Osiride.
Il rosso è centralità.

Il colore, ha caratteristiche reali,
quando non è fissato su carta.
Quando è ancora libero di agire nel pensiero.
Quando è fissato sul supporto acquista il carattere
di immagine, di riflesso.

Il sogno è il lettore del sonno.
È coscienza dell'Io mentre l'altro Io dorme.
È immagine, nell'Io transitorio, unico punto
in cui converge la coscienza.
L'uomo può acquisire coscienza solo attraverso
le immagini.
Per gli antichi i sogni erano ordini
o avvertimenti di Dei.

Conoscere è infrangere la barriera sensibile.
Riconoscere l'essere divenuto tronco d'albero,
legno.
I sensi mostrano la natura che ha forma.
Il pensiero mostra la natura naturante.

Lo spazio è la struttura invisibile del fisico.
È l'impalcatura della materia.
Lo spazio è linea retta, come la luce.
Lo spazio è caratterizzato da luce e materia.

L'uomo acquista coscienza attraverso le immagini.
La natura è immagine.
Tuttavia, il pensiero non è una sbiadita immagine
della realtà.
Il pensiero comprende il mondo delle idee.
È l'organo per il quale le idee non sono
viste in immagine, ma direttamente.
Il pensiero è attività che unisce il sensibile alle idee;
che unisce l'immagine al reale.

Il colore appartiene alle cose di natura,
non all'occhio.
Lo spazio è fisicità immateriale.
Colore è temporalità fisicizzata.

Memoria, è dare al tempo l'esperienza sensibile.
Una parte di questa esperienza, permane nella
coscienza,
acquista durata, e dallo spazio entra nel tempo.
Tempo è sintesi dell'esperienza.
Memoria è attività che rende il transitorio, tempo.

L'idea è stato di purezza.
L'opera d'arte è solidificazione dell'idea.
È entrare nelle forme.
L'idea deve essere forte da modificare lo stato
della materia presente.
In modo che non sia solo materia,
ma la sua elaborazione contenga qualcosa di vivo.

Nel sensibile ogni colore è immagine.
I colori reali, proiettano, nella forma, la loro azione
e diventano immagine.
Alcuni colori sono sempre immagine.
Non sono mai colori reali.
Sono l'immagine dell'azione di altri colori.
Ad esempio il verde.

Nel sensibile, nel mondo delle forme,
abbiamo un colore immagine, caratteristico
dei vegetali: il verde.
Il verde è l'immagine nel sensibile della vita.
Il verde non è un colore reale.
È un derivato.
Il colore reale, che proietta la propria azione
nelle forme naturali,
che appaiono all'occhio verdi, è il rosso.
Il rosso è quindi il colore reale dell'energia vitale.

I colori reali che appaiono nel sensibile
sono divenuti immagine.
Hanno perso le loro caratteristiche di realtà.
Sono divenuti piatti, privi di moto.
Ma sono sempre immagini di se stessi.
Davanti al rosso, che si manifesta sensibilmente,
non troviamo la realtà di un altro colore,
ma dello stesso rosso.
Questi colori sono partecipi dell'idea.

Quando siamo immersi nella natura sensibile,(verde),
siamo immersi nella energia, (rosso).

Per la fisica moderna, il colore è un fenomeno
che si forma nell'occhio umano
dopo che è stato sollecitato
da onde luminose che sono onde elettromagnetiche
trasversali.
Il colore è una percezione del nostro occhio.
A noi, non interessa il fenomeno fisico,
a noi interessa l'uomo attivo che partecipa al
fenomeno.
A noi interessa lo studio del "colore",
a partire dalla più elementare sensazione umana,
dovuta a semplice percezione sensibile, in poi.
Riteniamo che l'approfondimento del "colore"
in questo senso sia "Odissea" dell'Essere
e scoperta del Tempo.

Tutto ciò che è sensibile
è immagine.
Luce e pensiero sono
immagini.
Il pensiero è il riflesso
delle cose.

Il pensare è attività che coinvolge tutto l'uomo,
non solo la testa.
I colori sono una dimensione reale della memoria,
non sono una forma raffinata di oblio.
Tutto ciò che evidenzia il pensiero invisibile,
è arte.

La vita è invisibile, penetra e avvolge le forme.
A ben guardare, la vita stessa
è l'impalcatura delle forme,
perché quando questa non c'è,
le forme si dissolvono.
La forma pura è espressa nei minerali.
In essi, luce e ombra, sono i perfetti
motivi generatori.
Il minerale non è soggetto ad una continua
dissolvenza,
come gli altri casi.

Fare pittura, non vuol dire necessariamente,
fare un quadro.
Vivere il colore, attraverso il pensare e il sentire,
è fare pittura.
Sentire il colore sempre di nuovo,
generarlo e svilupparlo,
è pittura non discesa.
Questa variabilità non fisica,
non definibile attraverso concetti e forme,
fa sentire il libero artista
proiettato verso ciò che passa e varia ad ogni istante.
Arte è un flusso continuo,
un mare di colori in movimento,
senza alcuna specificazione,
senza alcuna forma.

La coscienza di veglia esiste per il fatto che
l'uomo nello stato di sonno perde coscienza.
L'uomo, può sviluppare la coscienza,
quando vive nella gravitazione centrale (giorno).
Quando vive nella gravitazione periferica (notte),
è parte del cosmo.
Privo di coscienza, vive nel blu.
Quando vive nel giallo, produttore di coscienza,
è solo con se stesso.

Notte: per fare parte del cosmo, l'uomo
lascia lo stato fisico.
Giorno : per sviluppare la coscienza, deve
entrare nello stato fisico.

Entrare nel fisico, significa separarsi dalle cose.

Blu: è il produttore dello stato di sonno.
Giallo: è il produttore dello stato di veglia.
Arte: è desiderio del Giorno di essere Notte.

Se non ci fosse un corpo, non sapremmo
che cos'è la vita.
Saremmo come la coscienza di sonno dell'albero.
L'albero è essere tra gli esseri.
Espressione di vita pura.
L'albero è notte.

Medusa, è forza di solidificazione;
è la riproduzione dell'invisibile nella pietra.
È il potere dell'occhio.
Perseo, è l'Io cosciente.
Vince l'immagine fisica
e diventa archetipo.

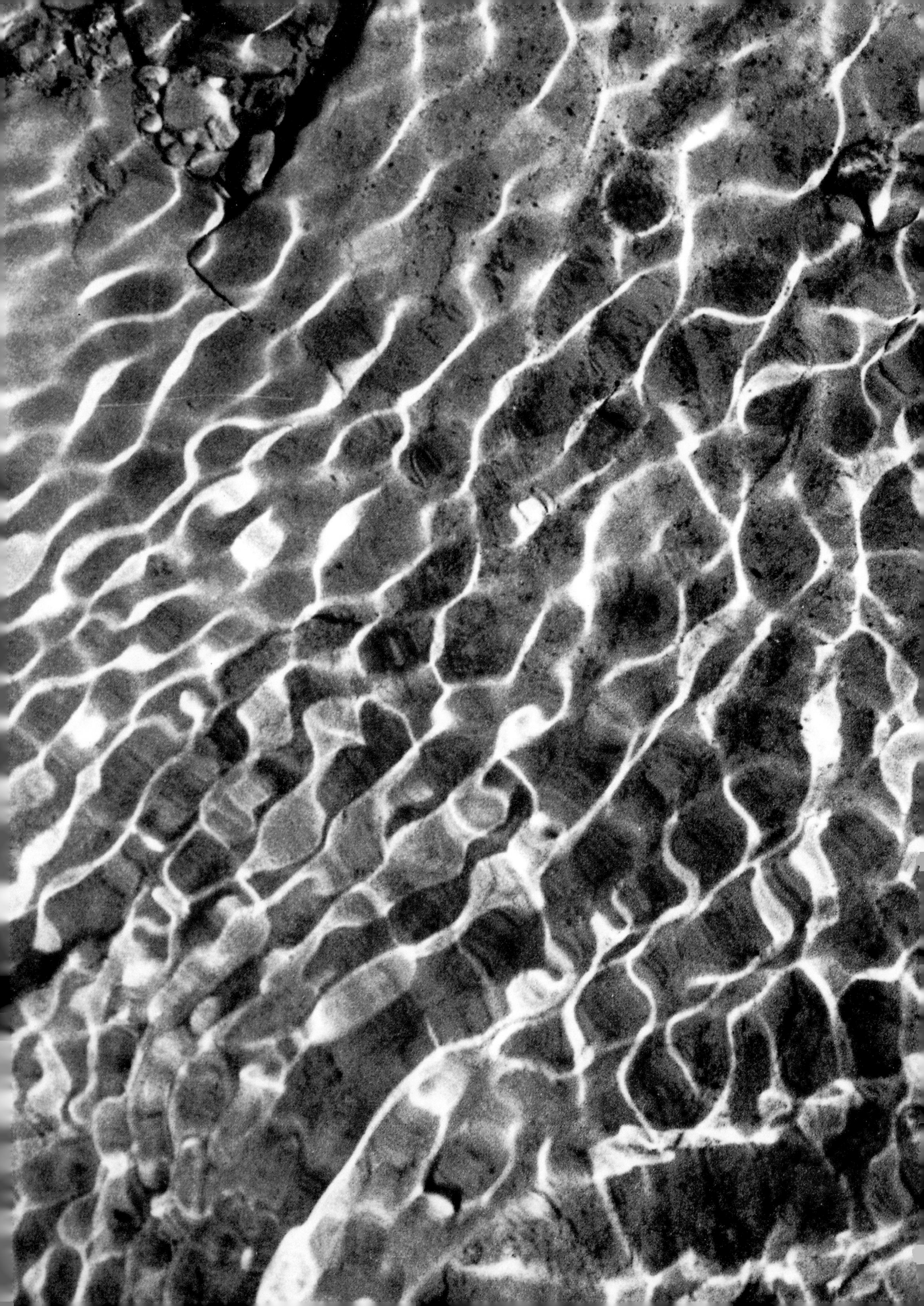

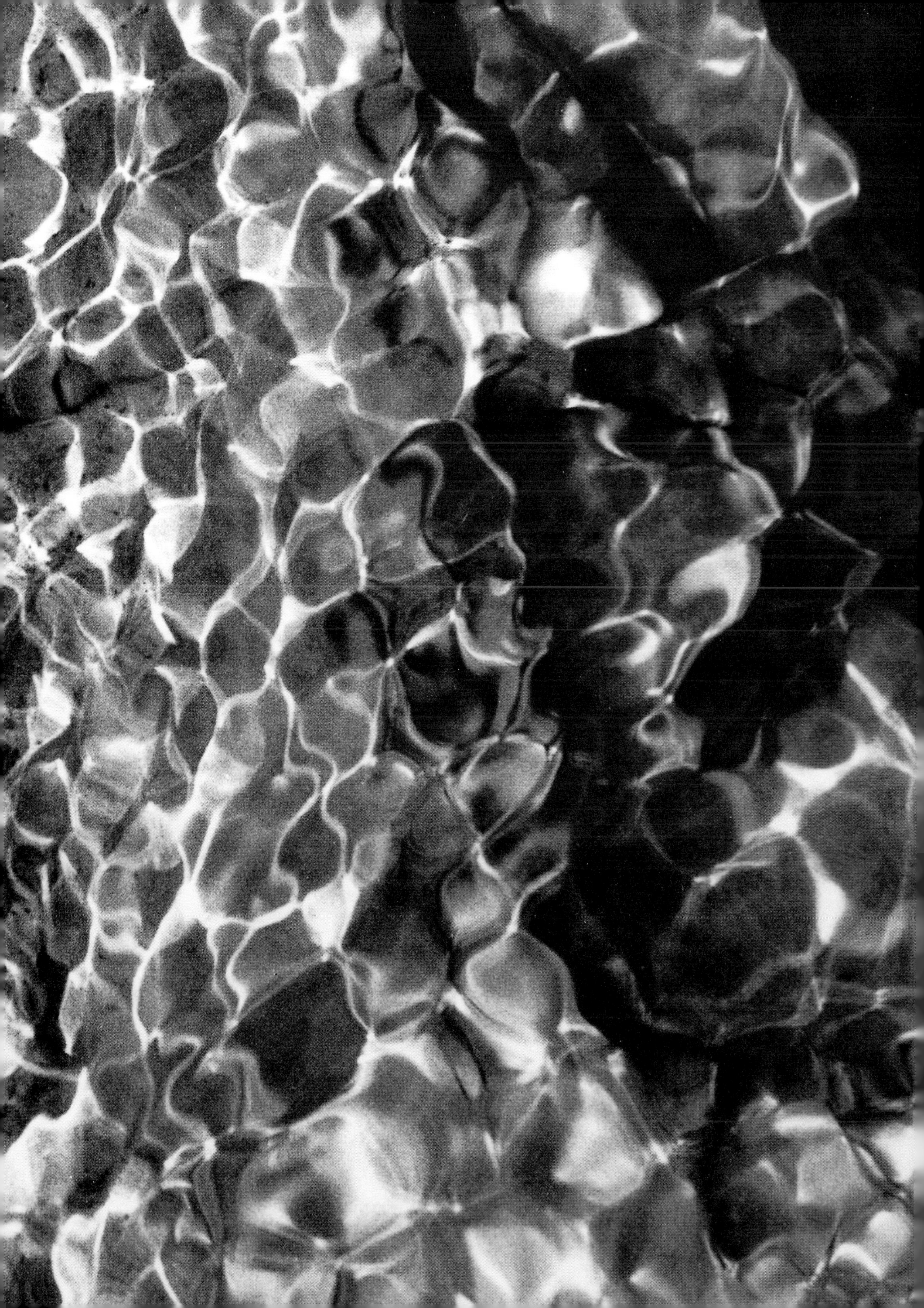

Marcel Proust

To understand a book, one must allow its equivalents to mature gradually within one's own heart.

Per capire un libro è necessario farne lentamente maturare gli equivalenti nel proprio cuore.

Marcel Proust

The Strength of Thought

Lucrezia De Domizio Durini

Consider the verb "to think" as an instrument.
Ludwig Wittgenstein

In writing this book, my intention is to describe the personality of a man, and an artist, Aldo Roda, who through the synthesis of his cultural research develops thought as a primary entity of his existential choice.

Thought is the act of the soul, by which it is conscious of itself and of other things outside of itself.
Christian Wolff

The psychobiology of Adolf Meyer has taught us that because man's behavior is influenced by his thoughts and feelings, he can be fully understood only when we see him as a being integrated at a symbolic level.
There are many languages that incorporate thought.
In reality, the communicative aspects of symbolic activity always lead to the development of cultures and social institutions. All the sciences of man, and all the arts and technologies that derive from them, encounter symbols along their path. They must pool their efforts in order to interpret the puzzles presented by those symbols, and they must combine their forces to reawaken the energies concentrated by them.
To say that we live in a world of symbols is nothing: a world of symbols lives in us.
Throughout history, many well-known cultural personalities, including the legendary Joseph Beuys, have assigned to the symbol an active function – that of sustaining and accelerating the progress of knowledge.
When an artist intentionally renounces, or rather transgresses, traditional methods, it always reflects an evolution driven strongly by a process of interiorization: the intellectual framework of man.
In this atypical work, Aldo Roda expresses *in toto* this distinctive cul-

tural position: a sort of subtractive process, which ultimately produces an unprecedented enhancement.
During the years of his experience with painting, Aldo Roda has absorbed a number of extremely perceptive observations about color and form, and transformed them in a psycho-dynamic manner into a system of literary concepts. It is an anomalous form of personal expression, in which writing becomes painting, and reading becomes a global vision of the world.
The concepts he describes are a personal way of looking at a world that has always involved him in a direct manner.
For Roda, to think is to act, and to act is to reflect.
A reflection born out of silence – the silence that Joseph Beuys calls *parola* (word).
Roda's descriptions bring about a sort of intellectual "equipment" in which he organizes the structures inherent in a harmonious philosophy developed over many lonely, but crucial formative years.
Painting has been transformed into concept, aimed at expanding the horizons of the artist.

Words are the functions of the Self, and day after day the pages of its cognitive and linguistic growth develop and form.
From this constant flow straining towards the constructive realization of intrinsic possibilities, there emerges a tendency to natural reading that leads to sound, to a virtual music.
A kind of inner force that Emanuel Dimas de Melo Pimenta, maestro of phantasmagoric scores, admirably interprets as the final chapter of the artist's electrifying empirical dreams.
And thus Roda's poetic form contains the creativity:

Able to discern new horizons, to construct broad
relationships, to come up with unusual ideas
and insights, to distance himself from traditional thinking patterns.
G. Kaulfush

Aldo Roda is very close to Beuysian thinking, but he is also clearly a disciple of Steiner. By this I mean that his is a conscience produced by man's most elevated faculties – a sort of spiritual perception that responds to the internal senses of the individual and of the universe. It is a conscience that is free and sensitive to the forces of the imagination, which allows fuller participation in the spiritual processes of the world. The reading of Steiner's works *The Philosophy of Freedom* and *The Philosophy of Spiritual Activity* produced the incarnation of Roda the artist and the man, while the inductive stimuli formed the cornerstones of the theoretical position that underlies all his artistic research.
Roda thus shares with Steiner the conviction that reality must be confronted with an approach that is not only rational but also, and above all, spiritual.
Out of this eternal reality, the works of the *solitary artist* assume, in synthesis, the very organic and conceptual potentiality of the anarchic and autarchic freedom of Steiner's and Beuys's writings, which history ascribes to works of art and which, for Roda, constitute the synthesis of his communication, to be given material form in the strength of his own open writing.
Intuition is still in search of itself. A reading in which the vigorous and violent aspects contrast with the fleeting, delicate lines and moments.
This dynamism is the intellectual, empirical, and intuitive certainty of Aldo Roda – a certainty that makes it possible for him to portray life's labyrinthine paths, and to do so always in terms of an internal relationship with the work.

Man is constantly preparing something
that is always within himself.
Rudolph Steiner

The transition of Roda's thought slowly takes on the logical modes of

affirmations that require the spectator and the critic to possess abilities and strengths, activities and reflections.
This is the beauty and the anomaly of art.
Art is the *quid* – the form of the body that Aristotle calls *anima* and that offers alternative ways of existence.
It is in this sense that the phantasmagoric colors of Aldo Roda are transformed into essences formed of blackboards bearing words written in white chalk and candid pages containing words of intense creative development.
The artist seeks personal ways to place himself in relationship with others, to find his own path through the life of art, and tries to give society his own truth.
Roda needs points of reference, and seeks them in thought, solitude, study, suffering, understanding; just as Archimedes senses that if he has one point of support he can move the world; or at least face up to it.

Roda's writing is the account of the true universal meanings used by cultural demands, by the changes of life, by *correspondances*.
Every human being that has acquired awareness can depart from his own reality to transform facts and things in the world around him. Out of change, he extracts the sum of the potential of being. Thus, the energies merge together, in every conceivable internal part of man, to traverse the harmonious and devastating creation that is his own existence. A sort of journey towards the *Via Regia* that leads to a voyage of initiation, a profound desire to seek the truth, which does not traverse the "small world or the oasis of love" of Baudelaire, and much less concerns itself with the distraction of Pascal. The only meaningful voyage is that which man fulfils within himself and then offers to the world, in the form of study and reflection.
Aldo Roda is the artist, the *lone voyager* who, in his vocation, shows and describes the viability of the path that can be found in the dogmas of his own cultural activity. It is an ambitious and

ambiguous world, in which to recognize oneself means to identify oneself with total thought, in a road "without limits": practising is belief, doing is desire, giving is energy, and everything is materialized in a creative-writing scheme that addresses the everyday life of man.

Of great importance within his work-writing-painting is the reflection that leads us to position man in the world and invites us to study man in relation to that position, seeking to understand that human beings do not exist separately from the world in which they live.

In a certain sense, man is much like the universe, and so to acquire the idea of self-improvement is to perceive that everything in the world, all manifestations of energy, all kinds of action, whether related to the cosmos or to human activity, both internal and external, are always manifestations subjected to the "Law of threes".

The three forces – called respectively active, passive, and neutralizing – work together, but every combination predominates over each one of them, just as every force that is active one moment can become passive or neutralizing the next, always becoming part of another triad. When forces meet each other, things happen. If they do not meet simultaneously, nothing ever happens.

The three forces are ever more present in every event, in every phenomenon, and only a conjunction of the three forces can produce the event.

A great deal of time is needed to perceive the three forces in things. For some reason, we are blind to the third force, even though we can see it in a number of chemical reactions, in biological or analytical phenomena. Even when we understand fully that nothing can happen without the presence of all three elements in relation to ourselves, we tend to forget it or neglect it.

The three forces are in us and outside us, in the planetary and universal order, in all orders. Hence the importance of considering the totality in things. Identification is an almost permanent state in the individual. To be able to see this state independent of our existence, and thus to separate it from ourselves, means to direct our attention and energy to the total vision.

This remarkable attitude is inherent in the value of art that can perform a qualitative and quantitative exchange with life.

In this vision, man evolves, avoids all possible standards and patterns, builds up layers of experiences, conflicts, internal struggles, formulates new viewpoints, and brings together the most disparate languages, thereby elevating himself to the regions of universal thought.

It is from this viewpoint, or rather, perhaps, from this limit, that we should read the writings that underlie Aldo Roda's entire *oeuvre* – offering attribution as a basis, as a lexicon of himself.

His own cognitive history, his own artistic formulae, his defining thought and his profound feeling for art are the framework of his work, which attain the highest level of truth-reality in this, his last work: *The Thought Takes Shape.*

In this work, Aldo Roda is in constant contact with a personal mythology that leads inevitably to a demand for a metaphysical confrontation that is always motivated by a need that is never individualistic in nature, and is constantly directed toward the demands of culture and of men.

It is through this kind of careful and arduous work that Aldo Roda attempts to restore to society the emotion of the *grand feu.*

The universal and fundamental form of being
is being through awareness, being in the form
of a conscious act.
Piero Martinetti

Aldo Roda

External space is peopled by beings
who differ from one another; internal space is
occupied by ourselves alone. And yet within us
are the beings of our memories.

Abstract art is the art of internal space,
of man alone with himself.
Figurative art is the art of the representation,
of the external space.
To create with imagination we must picture the
internal space.
In a manner neither abstract nor realistic.

To impose limits upon an unlimited world, through forms,
is to suffer.
Freedom only exists in infinite variety,
in infinite combinations.
Colors are close to the infinite.
Forms make finite that which is infinite.
When we are sure and determined in the ambit
of forms, we have destroyed the free content.
Painting is the relationship between color and form;
the balance
between thought and representation, between the infinite
and the finite.
Color is Zeus, form is Hera.

Colors belong to the world of the soul.
With colors we can express the landscape of the soul.
The landscapes of the soul are to the real world as
memory is to real events.

Colors obey no laws, they are always changing
and in changing they acquire other new meanings.
Colors are free beings.

Painting makes visible that which is invisible.
Form is the shadow of color.
Light and darkness are immaterial;
white and black are colors.

Finito è il mondo reale
delle forme.
L'infinito non ha forma.
E' il mondo reale degli
Dei.

Landscape metamorphosed into figures.
Nature becomes a living being.
As in myths that reveal the close affinity
between the natural world and the supernatural creatures
that live there.

Red is the color of the presence
of the active will.
It is the color of respect and of daring.
Yellow is the color of joy and effusion.
It is the color of pollen scattered in the air.
Blue is the color of feeling and affection.
It is the color of the seed of the plant.

A pictorial representation of the internal space
is a subjective work.
The closer it is to reality, the more universal it becomes.
Thought can be an organ of perception.

Internal space is part of the real world.
To picture the cosmos one needs imagination.
The constellations were the very imagination of the ancients,
the myth within them.

Internal space offers no distinct outlines,
but rather changeable and alternating impressions,
fluctuating and moveable images,
along whit their transformations.

Perception is turned, not toward the external object,
but toward the internal object.
A picture does not contain objects of external
perception, but rather objects of the subject of perception.
These can also contain external references,
although they are transposed
into another context.
To paint is thus more than to depict something
external to ourselves,
it is to bring to consciousness things
that are hidden within us.

As the ancients developed a sense of space,
we must develop an awareness of Time.
Thought is the organ of perception.

An essential part of the concept of time
is the concept of eternity,
but also as important is the transient.
We habitually experience the transient
nature of things, but against this, we also
think of that which is eternal.
A concept that may not be inferred from experience,
but is simply a part of thought.
Time is at once
a perceivable experience and a dimension of thought.

Mobility is a relationship between two points in space.
Temporal research – aesthetic and cognitive –
presupposes an internal need
for the persistence and the immovability of unknown
values.
Man looks nostalgically upon such values.

The edges of the canvas
on which we paint must be overcome
by the imaginative force of colors and forms,
by their actions.
Painting is a two-dimensional art.
Spiritual art is not art devoid of matter.
On the contrary, art is the spiritualization of matter.

To identify art with the life of the artist
is not necessarily to annul the physicality of the work.
The life that the work of art requires
is not a purely external essence.
Life expresses itself more internally than externally.

Colors, unlike the primary elements
that make up matter, such as liquids, gases, stone,
or iron,
should be considered essentially metaphysical.

RAPPORTI TRA IDEE SOVRASENSIBILI E IMMAGINI

COLORI IDEA – GIALLO – ROSSO – BLU

COLORI IMMAGINE – BIANCO – VERDE – ROSATO

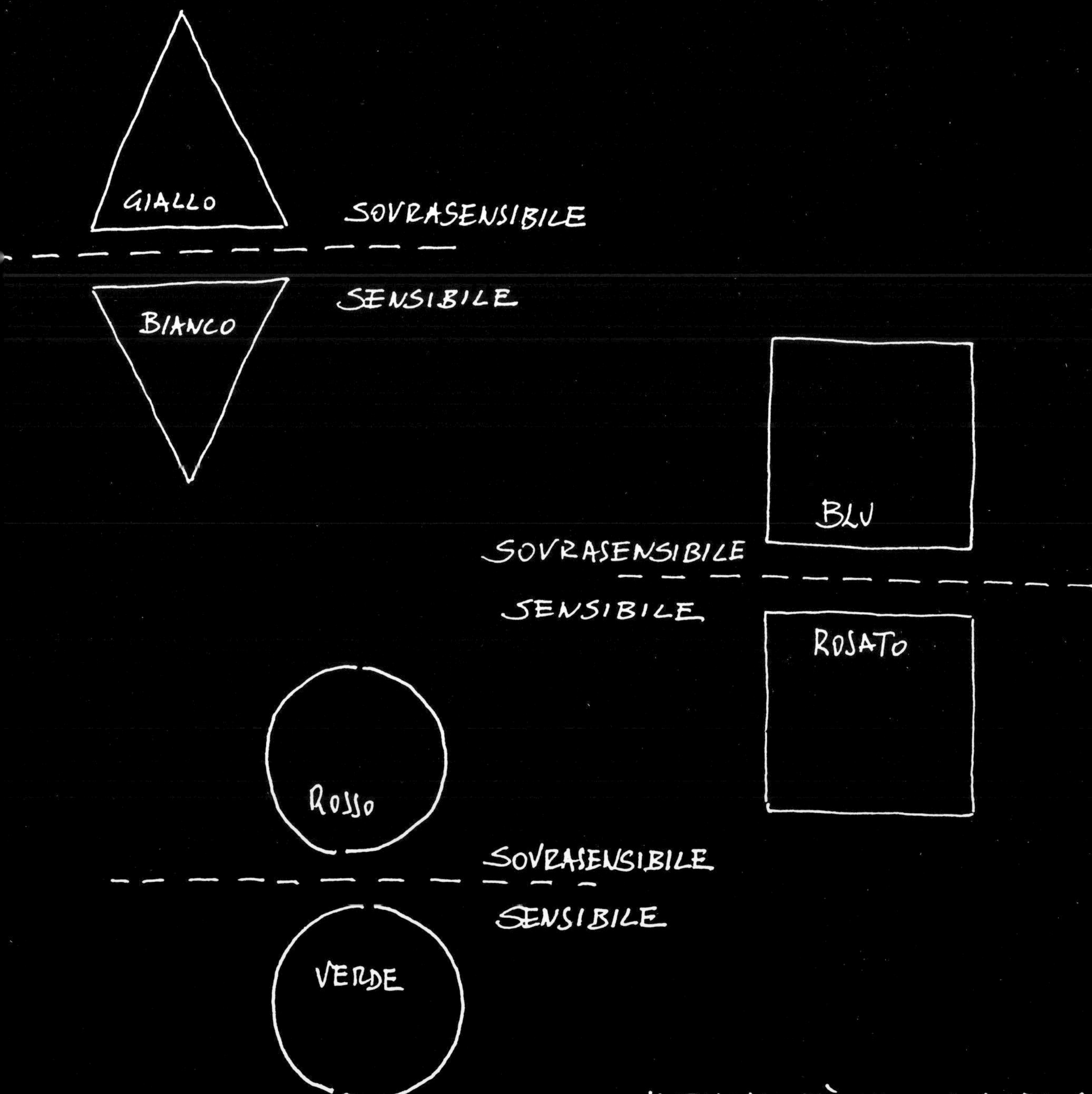

IL BIANCO È MEMORIA DEL GIALLO.

IL VERDE È COPIA DEL ROSSO.

IL ROSATO È PRESENZA DEL BLU.

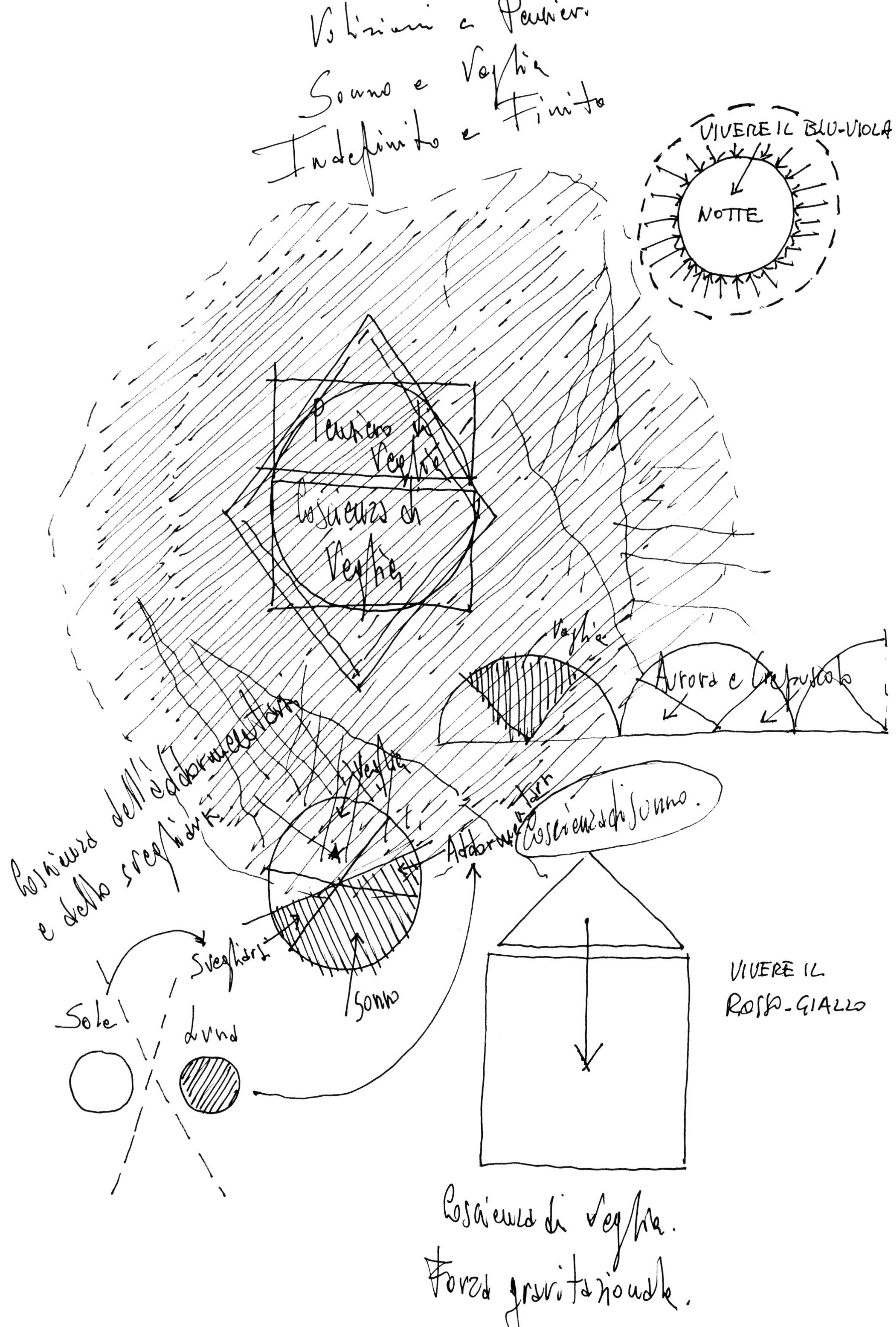
Volizioni e Pensieri
Sonno e Veglia
Indefinito e Finito
VIVERE IL BLU-VIOLA
NOTTE
Pensiero di Veglia
Coscienza di Veglia
Veglia
Aurora e Crepuscolo
Coscienza dell'addormentarsi e dello svegliarsi
Veglia
Addormentarsi
Coscienza di sonno.
Svegliarsi
Sonno
Sole
Luna
VIVERE IL ROSSO-GIALLO
Coscienza di veglia.
Forza gravitazionale.

…lbero ha la testa nel terrestre
e membra nel cosmo...

L'albero è essenzialmente
periferia. (NOTTE)

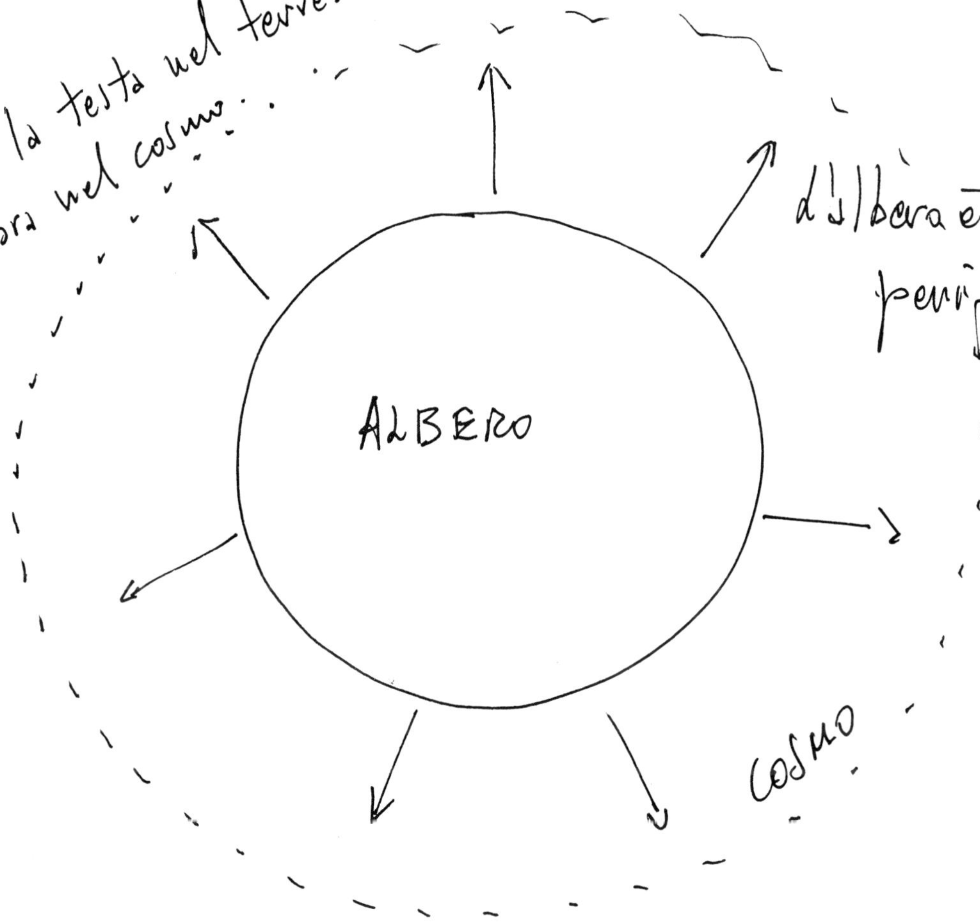

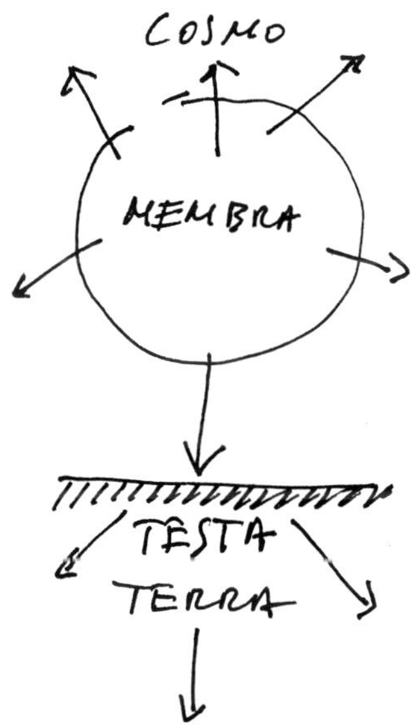

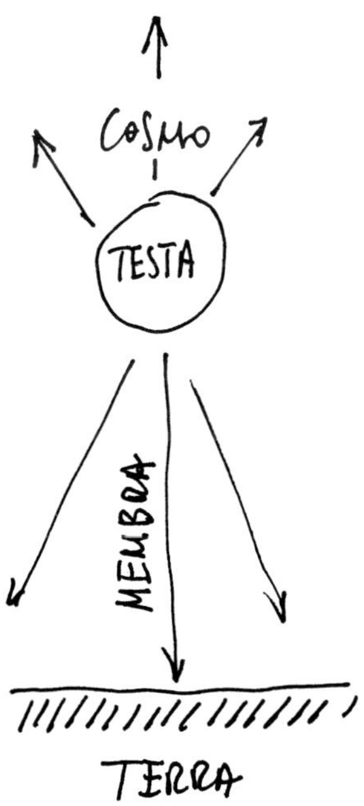

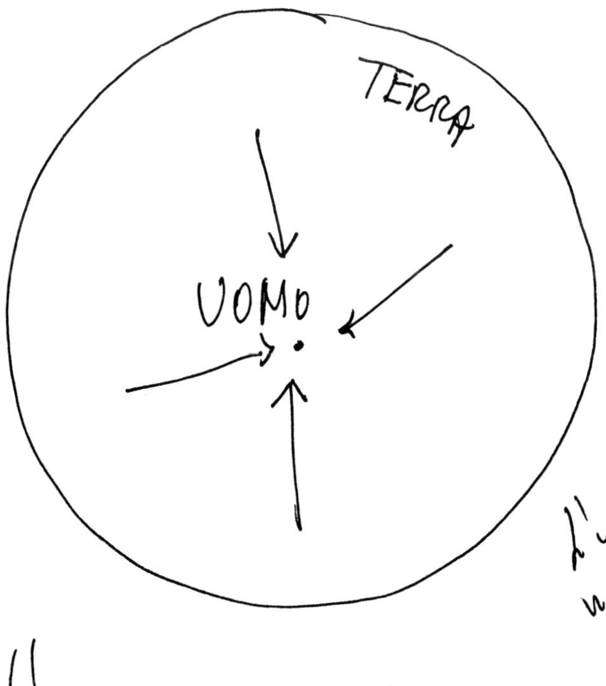

L'uomo è essenzial-
mente centro.
(GIORNO)

L'uomo ha il pensare (Testa)
nel cosmo e la volontà (Membra)
nella terrestrità.

L'albero e l'uomo sono essenze contrapposte.
L'albero è l'uomo della notte.

The new organ of perception is thought.
Painting is representation.
The primary expressiveness of the material of the sculptor
is stone.
The primary expressiveness of the material of the painter
is color.

Art, like man, must have
a perceivable body.
In art, we find freedom only
in that presence which is the content of thought.
Pure knowledge,
entirely conceptual and
devoid of perceivable references
can have its own reason to exist.
But art cannot disregard the perceivable.

The color of matter
is not a free color.
Physical light itself restrains it,
holding it within itself.
Even within the picture it is a prisoner of necessity.
And yet, in a certain sense, it must be able to express
its metaphysical state.
Colors are not material.

Color is found as solid,
liquid, and in the air itself.
Used directly,
the latter two states of matter
can lead to metaphysical emptiness.
The solid state is the most silent of all,
and yet this difficulty
protects us from superficiality.
Art, however, cannot add material
to material.

Arte è comprensione dell'essere.
Arte è comprensione del tempo.
L'essere non è stasi, è moto.
Così l'arte ha necessità di
espressioni adeguate allo stato
particolare dell'Essere; sempre
variano, perché sempre varia.

Il quadro è come la pagina
di un libro.
Il pensiero prende forma. Poi vive
nell'immaginario di ogni singolo uomo.
Torna, perciò, libero.

Static ways of thought must be countered by
mobility of thought.
The nature of ideas is not material.
We must prove many variations.
Flexibility and variability
bring thought closer to the real state of events.
To their flux.

Time exists without space.
It is not determined by space,
it is not its path.
Time is autonomy of the being.
Space is the testimony of Time:
it derives from Time,
and is the result of Time.

Newton's color theory
is a physical and mechanical theory.
It does not explain everything.
The natural phenomenon of color
is more complex than can possibly be imagined.

Time is a dimension of the human soul.
The human soul is so structured that it
consciously has a triple perception:
past, present, and future.
These are the human dimensions of time.
Man is the intermediary
between the transient and the enduring.
Colors are an activity of Time;
they possess a memory.
Time is the writing of the elements.
It is the writing of the air, of fire, of water, and of the
earth.

Color has a dual valency:
physical and spiritual.
The canvas, the physical colors,
are like the body of man.
The thought content of the picture
is like the spirit of man.
Colors increasingly overcome their own physicality
the closer they come to their archetypal expression.
To make the material color
correspond to its ideal
is to spiritualize the material.

In painting,
form and content are inseparable.
The very act of painting
implies a request to be seen and heard.
We must not forget the principal tool
of painting: color.

Black represents level zero.
It erases colors, combines them, and annuls them.
In black, nothing takes form.
White is the principle of universal vitality.
It is the color that contains all the characteristics
of other colors;
it represents their highest level.

Man, in nature, is a symmetrical image.
As a bearer of individual thought, he is asymmetry.
In the case of man, the natural order
becomes disorder.
Man is not entirely natural.
Part of man
is outside nature itself.
Disorder arises when an opposing,
or different force
becomes involved.

Modern art,
the art of man alone with himself,
is asymmetrical.
It substitutes the idea of beauty as order
with the idea of beauty as disorder.
The cosmos repeats itself,
rhythmically,
and is symmetry.

In the color green, light and shade are balanced.
It is the color of reflection and of reason.
It is the color of the natural order.
It is the color of vegetation.
It is the opposite of red,
which is the color of instinct and irrationality;
of Dionysian passion.
Red is the color of man.
Nature and man are contrasting essences.

White is universal light;
it is the archetype of nature and of man.
Black is the darkness of the universe,
it is absence.
White and black are primordial essences:
they precede order and disorder.
In the mineral world they find their reflection,
their most immediate cosmic recollection.
Diamonds and coal, for example.

Yellow is the extroversion of light.
It is the opposite of violet, which is the introversion
of shade.
In these colors, natural man is not present.
Their memory is more cosmic than earthly.
Blue is the color of man's internal Self,
it is the color of man's distinctive ability to feel
emotions.
It is the opposite of orange,
which represents universal love.

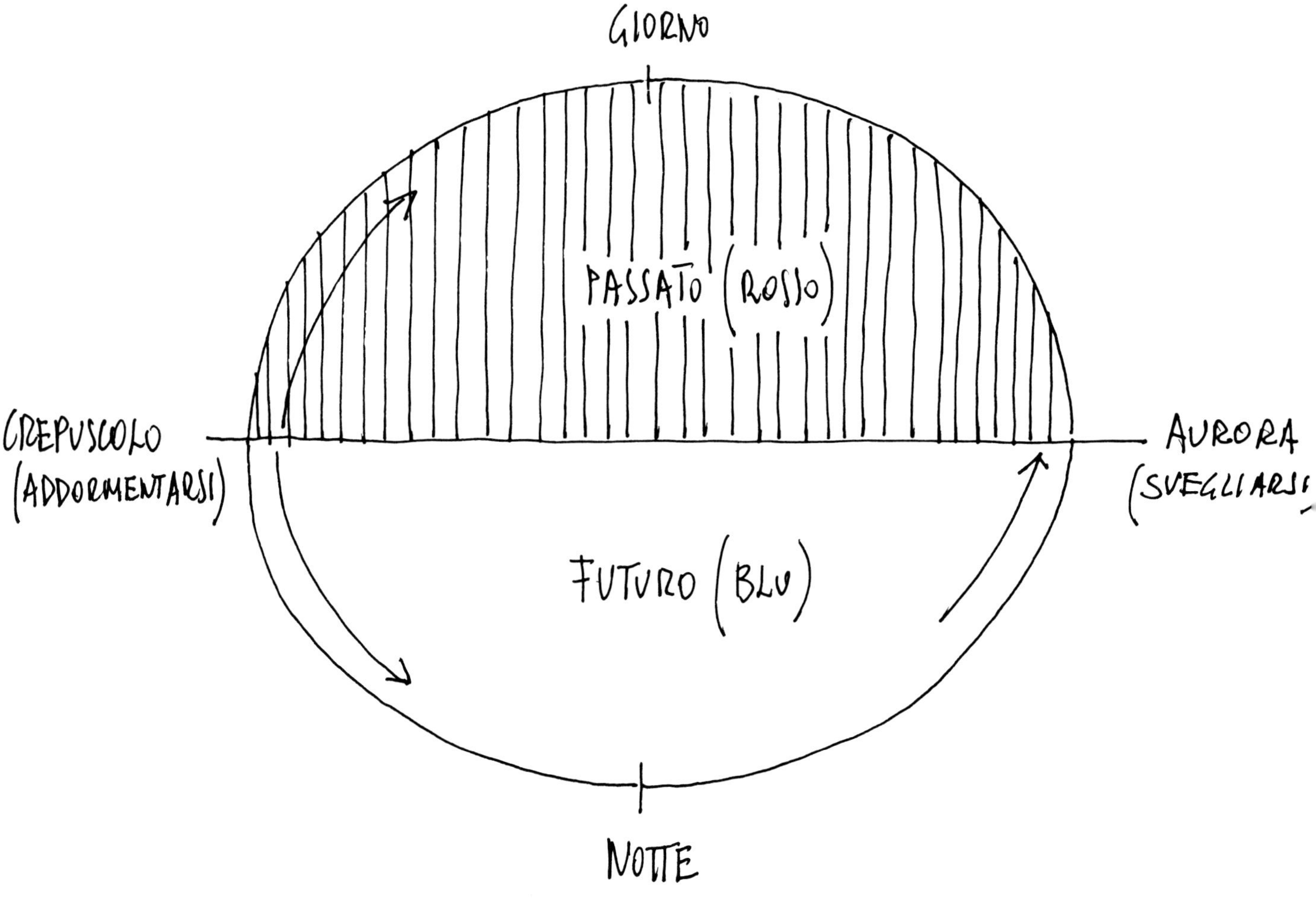
GIORNO
PASSATO (ROSSO)
CREPUSCOLO
(ADDORMENTARSI)
AURORA
(SVEGLIARSI)
FUTURO (BLU)
NOTTE

Ulysses takes up his oar and voyages toward
the infinite.
Until he reaches the country that knows nothing
of oars.
Ulysses wants to be a man;
he does not seek to be a God,
he does not seek eternity.
He wants to be a part of the transient.
And yet within him lies nostalgia, for the eternal.
The mineral world dreams of eternity.
The transient space dreams of eternity,
that it might become once more the archetype of space.
So, too, does the transient Self dream of eternity,
that it might once more become
the archetype of the Self.

Art, like philosophy,
must understand Time by starting out from Time.
It must understand existence by starting out from
existence.

Art is understanding existence.
Art is understanding the interior being.
Existence is not stasis, it is motion.
Thus art needs
expressions suited to each particular state of existence;
They change constantly, because it changes constantly.

Time has no definition.
When we wish to give a concept of Time,
when we seek to define it, we enter
into the dimension of space.
True colors are true Time.
Time has no form.

Awareness is the Self within us.
The external Self works in space.
The internal Self works in Time.

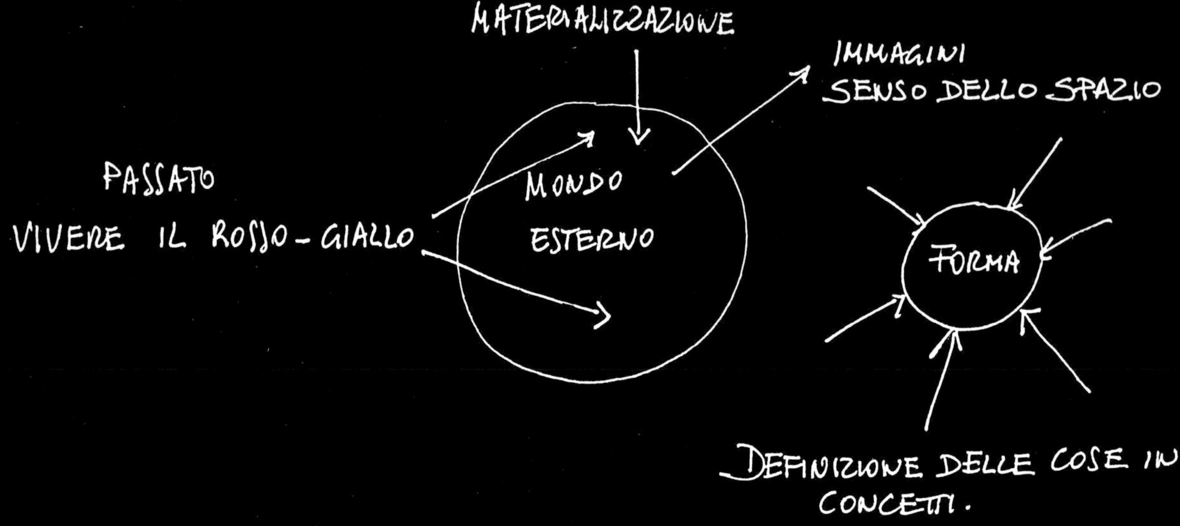

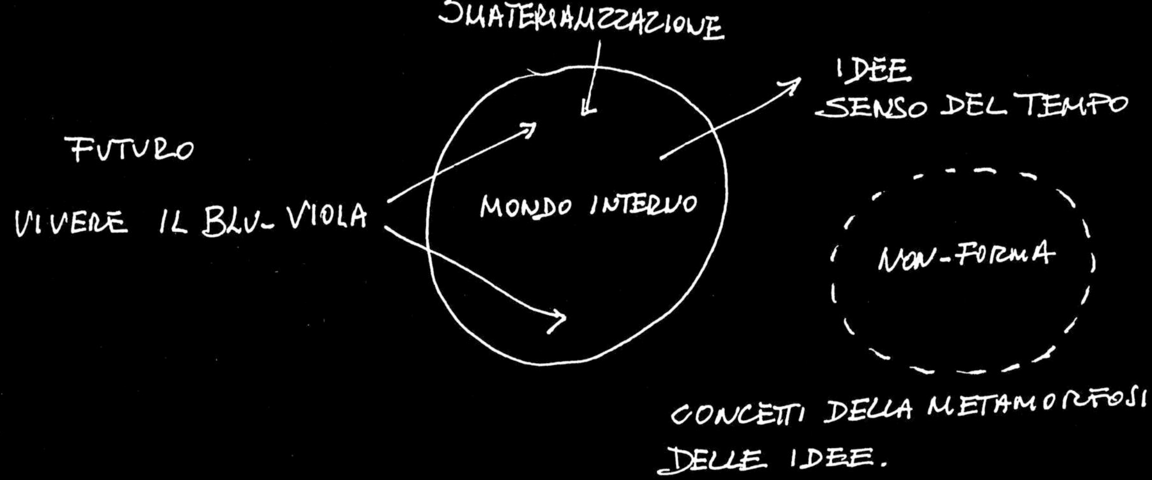

IMMAGINI - FORMAZIONI DEFINITE.

VOLONTÀ DELL'UOMO — CARATTERISTICHE IN FORMAZIONE — — IMPOSSIBILITÀ DI RIGIDE DEFINIZIONI — MUTEVOLEZZA DI MOVIMENTO -

L'arte del futuro è arte del vivere il Blu-Viola del mondo interno.

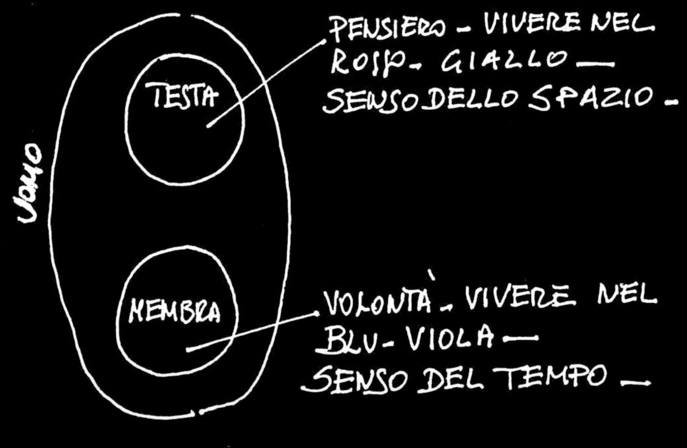

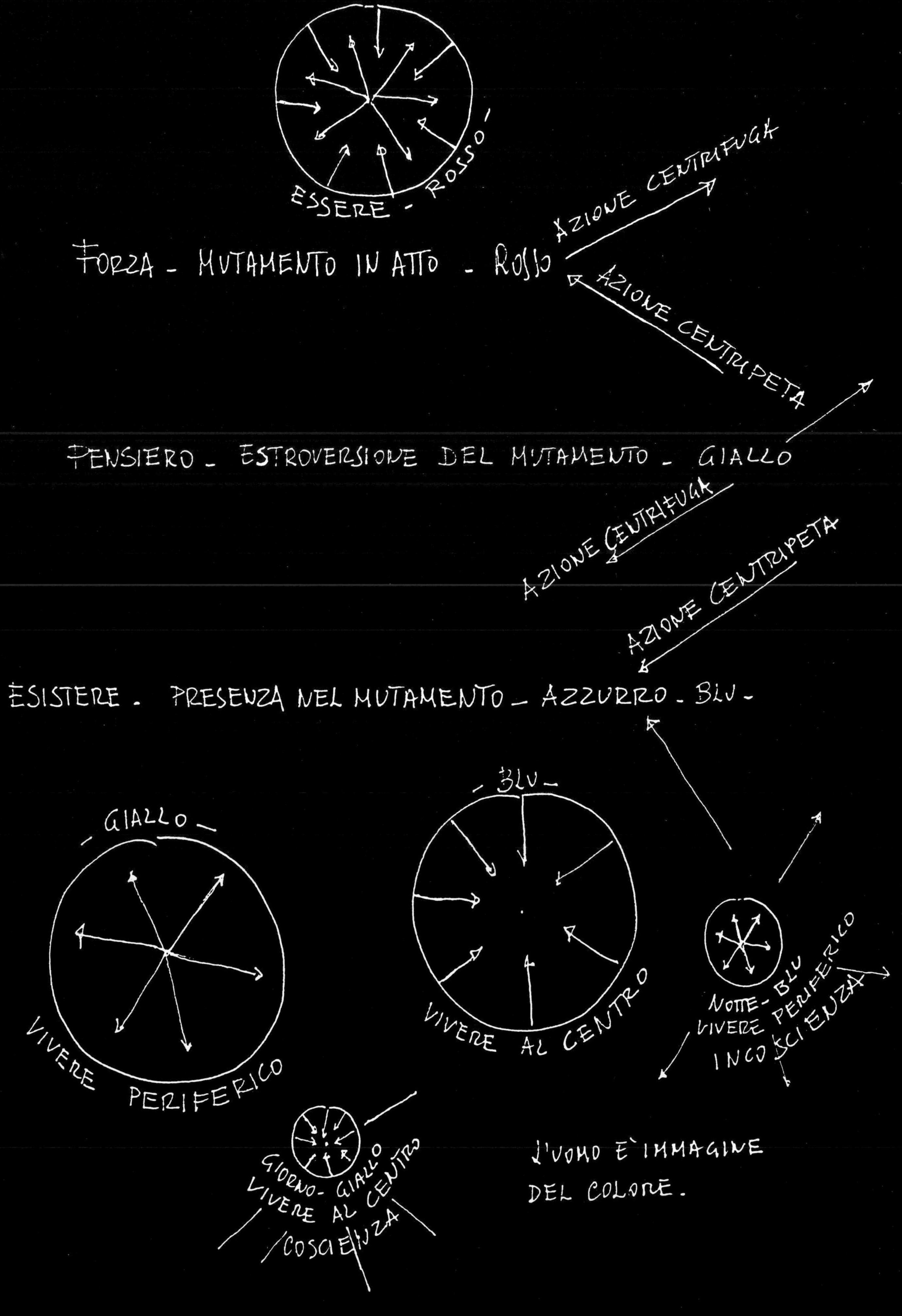
ESSERE - ROSSO -
FORZA - MUTAMENTO IN ATTO - ROSSO
AZIONE CENTRIFUGA
AZIONE CENTRIPETA
PENSIERO - ESTROVERSIONE DEL MUTAMENTO - GIALLO
AZIONE CENTRIFUGA
AZIONE CENTRIPETA
ESISTERE - PRESENZA NEL MUTAMENTO - AZZURRO - BLU -
- GIALLO -
VIVERE PERIFERICO
- BLU -
VIVERE AL CENTRO
NOTTE - BLU
VIVERE PERIFERICO
INCOSCIENZA
GIORNO - GIALLO
VIVERE AL CENTRO
COSCIENZA
L'UOMO È IMMAGINE
DEL COLORE.

The clock is the mechanization of time.
It is the mechanical translation of existence.
Color, when understood as electromagnetic waves,
is the spatial mechanization of color.

Color is essentially temporal:
when it is in space, it takes form.

The future of the man's Self lies in self-awareness.
The Self through contrasts is stronger and more aware.
Red is the Self of man,
the result of white, and black, following upon each other.
Art, therefore, needs the shadow and the light of the materia
in order to develop it.

Black is charcoal,
produced by the combustion of vegetal substances.
It is the shade of matter.
It is the remains of substances that contained
development and growth;
that contained light that which is white.
Black accompanies the loss of a substance.
Black is that which remains
after the destructive force of fire.

Our eyes
transmit an image of man
with defined limits.
The man of warmth and breath
is of a different stamp:
devoid of limits, he relates to the external.
All the more reason, then, that the man of Time
should have no rigid form.
The rigid fortress of temporal existence,
of consciousness, should not be destroyed,
it must be open.
To be open does not mean the loss of consciousness,
but rather to increase it.
Man can be represented, in pictorial terms,
in forms both gaseous and fluid.

Una tela tutta nera, ha una sua ragione d'essere; nel nero causa ed effetto sono simultanei.

Percezione sensibile ed idea sovrasensibile coincidono.

Il nero è memoria di sé stesso.

Just as man has his thoughts, his will, his subjective feelings,
so the picture must have its own independent soul.
A picture is like a planet.
It is unique and unrepeatable.

Painting is the study of Time.
Space and Time coincide in us:
In our being they take on existence,
our being in itself is space and Time.
Space is a necessity of Time.

We must not mould the sense of Time
to the sense of space, to the presence of the single moment.
Time is not configured spatially.
It embraces all elements at once.
As with memory, the events of different moments
are united in a single unique consciousness.
Time is two-dimensional.

Sometimes symmetry, in painting,
is not evident; it lies in the very rhythm
of the thought contained.

The generative processes, contrary and opposing,
spring directly, in colors,
from the actions of white and black.
In a physical-natural sense, darkening white
gives rise to yellow;
black becoming lighter
gives rise to blue.
In the center lies the balance between light
and darkness: green.
White-Yellow-Green-Blue-Black.
In a metaphysical sense, when the darkening of white
meets the luminosity of black
it gives rise to red.
The color of man's self.
White-Yellow-Red-Blue-Black.
Green is natural order.
Red is existence.

In the Renaissance, the preparatory drawing
was fundamental. The figure drawn
was the form to which color was allied.
We believe that form is composed of matter.
The drawing depicts it because it defines its spatial boundaries.
Color is contained within light.
It varies according to the reflection
produced by the qualities of the material that is struck by the light.
In spiritual terms, the process is the opposite.
First there is color, then there is form.
Color is manifestation of infinity;
its form, its condensation in space.
Form is generated by color; it is derived from color.
It is not drawn in advance.
This is the opposite of the traditional process.

Breath and warmth are part of the world of forms.
Thought and words are part of the world of colors.

The metamorphic processes of the picture,
the processes of motion, must not be
directed at the goal of stasis.
The picture must maintain its momentum,
even when it is finished.
It must be able to hint at the instant
that will follow the moment in which it was frozen.
To paint is to freeze time for a single instant.

Matter is without color.
Lightness and darkness are the archetypes of colors.
They are the ultimate potential of light and dark.
It is said that colors are born out of light and dark,
but light and dark are themselves colors.

Di sola sabbia
credettero la tua forma e
il tempo reso raro,
circolare, impresso,
disceso.

For the artist, the phenomenon of color manifests itself
in more than
just perception.
The different colors perceived are reflected
in their various ways within his inner life.
Each color – whether it is experienced
as the simplest sensation
or as the most complex study, –
– becomes an active force within the inner life of man.
So that, in order to feel within oneself the presence
of a color's activity, it is no longer important that
the color be perceived from without.
The color can have its own autonomous life
within the imaginative world
of the artist.

Color does not exist only outside of us,
it also exists within us.
Within our inner lives, it is in the world
that most belongs to it,
that best characterizes it.
Color is not a mathematical-physical proposition.
Our very being manifests itself as color.

Every color has its own characteristics,
which exist beyond the sketched idea.
Every color varies according to how we find it.
And according to its relationship with other colors.
Thus there exists an interior perspective.
There exist landscapes and beings that represent,
in imaginative terms, the inner life of man.
And when we return to the observation
of natural phenomena,
we realize that even there,
color is changeable and variable.

La memoria è immagine della luce.

Il bianco è immagine del giallo.

I colori sono infiniti.

Le relazioni dei mondi metafisici
sono esprimibili in colori.

L'arte trascende l'intelletto.

The natural forms that depend most upon
the action of colors
are animals.
These forms depend on manifestations of the soul,
that relates to them.
For example: courage, fear, strength, weakness.
These expressions are actions of color.

Space is the archetype of distance.
It is the line that links north to south.
In space, forms develop.
In space reside the beings of the transient world.

Our eyes transmit the image,
the reflection, the mirror of nature.
It is not nature that shows itself in the man.
The eye interposes itself between nature and
existence.
It is the means of reception, which intervenes in
the continuous flux between the external
and the internal.
The eye is a dividing wall
between Time and space.

Cold produces forms,
crystallizes them.
Heat dissolves them, erases them.
The red-blue pole generates forms;
the red-yellow pole is dissolving.
When man is closed within himself,
cold prevails; the red-blue.
When he turns toward the external world,
when he forgets himself,
the red-yellow prevails.

Il tempo-sensibile è
linea retta.

Il tempo-spirituale è
linea curva.

Man, because of his corporeal nature,
and because of the spiritual within him,
is he who must transform time-space into Time.
His eyes convey to him a separate nature,
a physical body that is of nature.
They convey nothing of the being that lives within that body.
The internal perception of Self,
the sense of the Self, is invisible consciousness.
Man lives this separation.
Words and thoughts
place him in relation to other beings.
If strengthened and developed,
they may make it possible to overcome natural
and spiritual limitations.
Breath and warmth
place the man in relation to nature.

Within mutual experience, man and nature
are a polarity.
Man perceives himself as an internal being
and nature as the environment in which he lives,
outside himself.
In painting, the internal and the external coincide.
The internal is placed in relationship to the external,
and the external to the internal.
This is the study of Time.

Notions of worlds beyond our senses may be
the object of studious thought,
but we cannot be sure
of their existence,
because we cannot perceive them.
Our senses can be expanded.
Thought may be the new organ of perception.
Philosophy and art are inseparable;
they represent that search for the unknown world
beyond our senses.

We must not free ourselves of matter
as if it were just waste to be discarded.
Matter must be spiritualized.
It seems that in contemporary art,
the problem of spirituality
does not concern the substance of the works,
but only consciousness.

In things of nature,
life and death exist together.
Life has no form, and is imperceptible.
Death is form itself.
When we depict nature realistically,
on the basis only of what our eyes see,
we depict only death.
Life, for these objects, has disappeared.

In thought, life and death coincide.
The thought that gives form, defines
concepts and ideas in rigid terms is
the shadow of thought.
The thought that frees us from
the form is the thought of metamorphosis.

Art is the metamorphosis of the dying figure,
into a living figure.
Black defines forms,
light dissolves them.
Thus the sense of Time.

Living things
are the balance between life and death,
of being and form.
When the balance is destroyed, the visible
form slowly dissolves and disappears,
and life is suddenly imperceptible.
These two "disappearances" create a perceptive void.
Total absence, without color.
When the form disappears,
we face the absolute zero.
Our limits of perception permit nothing else;
they do not permit us to follow Time devoid of form.
White, with its colors, becomes imperceptible.
Black, form, continues for a short time.
Then, non-color, absence.
There can be no form without beings, and
no being can live without form.

The art of the twentieth century, for the first time
in history, is the art of man.
The artist is alone with his work,
free from all external creative influences.
Nature is symmetry
as the art of the past is symmetry.
As is inspired art.
Man is asymmetrical
just as the art of our age is asymmetrical.

Blue tends to close in upon itself.
It is the color of inner nostalgia and melancholy.
It needs to enter into the world around it.
It needs orange.
Orange is the color of relationships.
It places each being in a symbiotic relationship with others.
Blue is the color that lives at the center.
It is a lunar color.
Like all that is lunar, it is related to water.
Orange is related to heat.

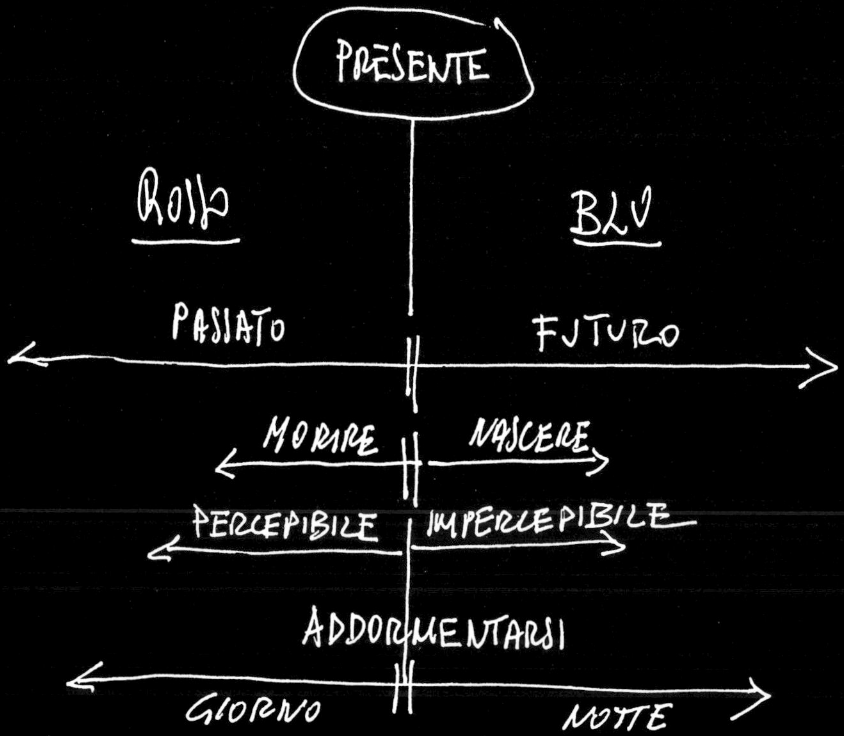

Il presente è la fine del giorno e l'inizio della notte. E' l'istante di tempo tra il percepibile e l'impercepibile.

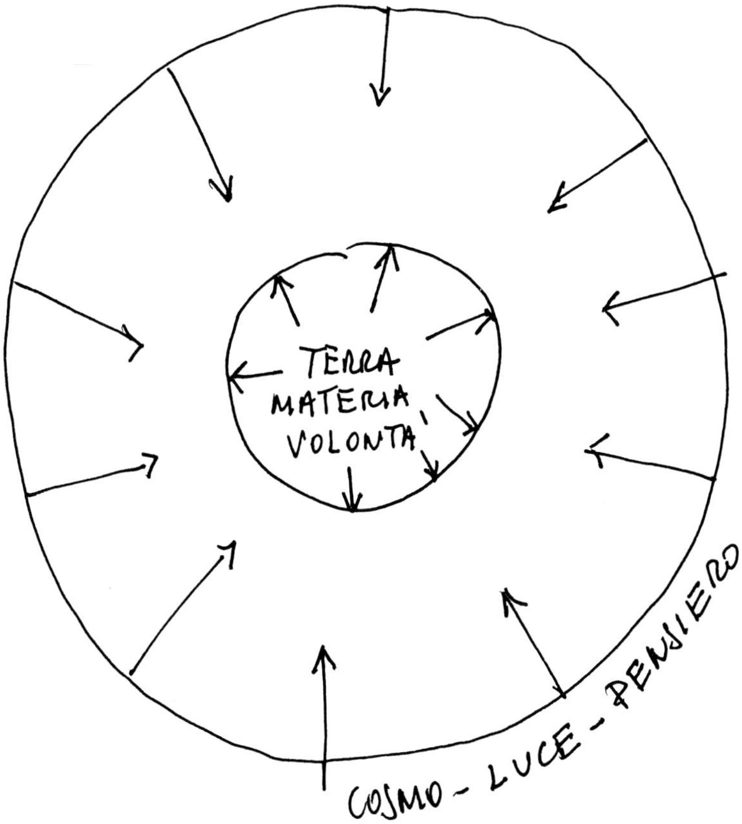

Il colore non appartiene alla sola luce.
Appartiene alla luce quanto alla materia.

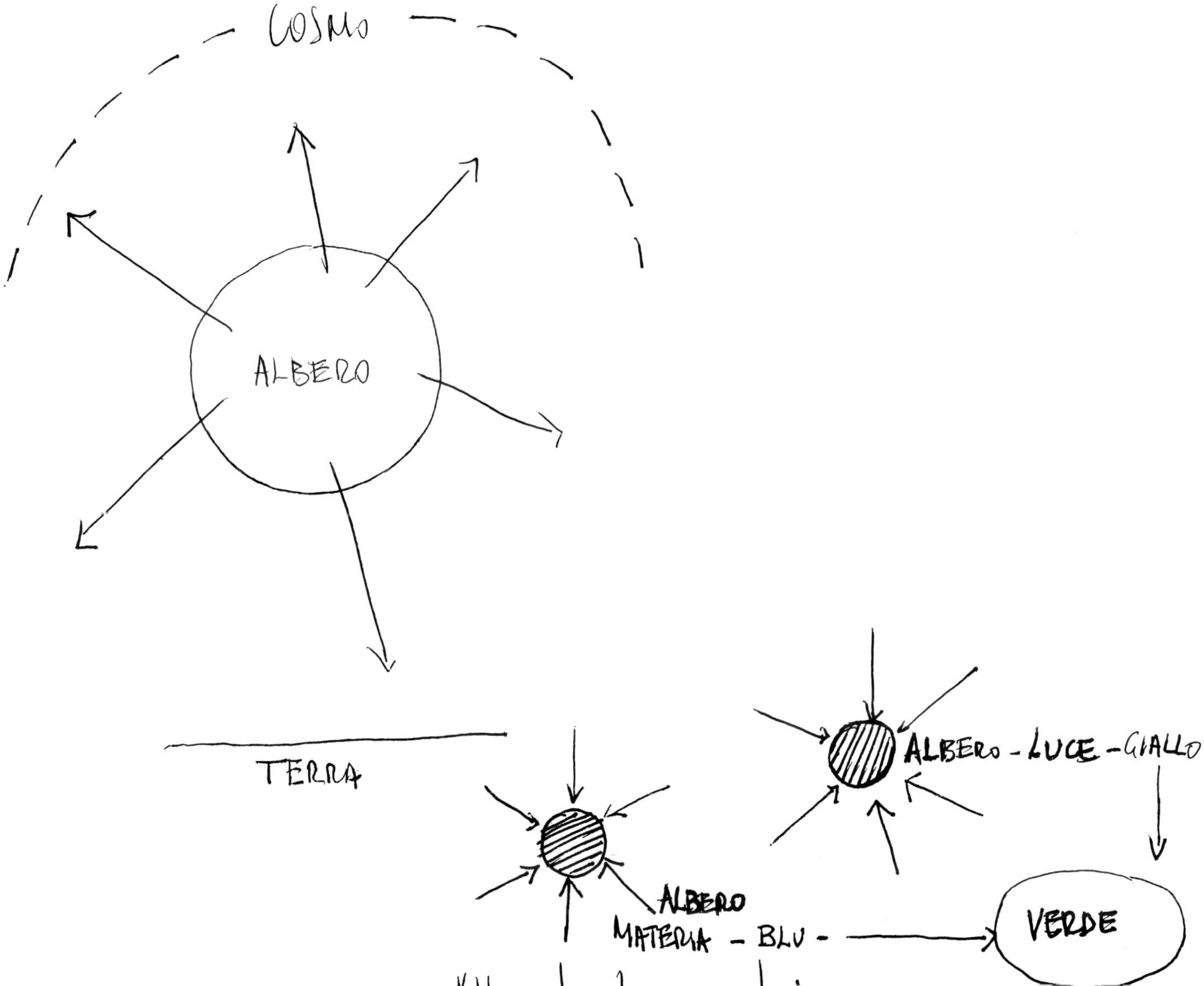

Albero tra luce e materia

If form did not exist,
color too would lose its function.
The artist would be seaweed, floating,
devoid of consciousness, an expression of pure life.
The contrast between being and nature
produces the development of free consciousness.
Form is thus necessity: as is thought.
Universal thought could not bring consciousness
if a part of it had not become waste, form:
the intellect.

Chemical and physical colors are part of
dead forms, like canvas, wood, or paper,
like any medium.
The part of himself that the artist
succeeds in incorporating into the dead matter
of media and colors, becomes "art".

What sense can there be in art, if the only
aspect of man that we recognize is his corporeal form,
or at most his psychic aspect?
What importance can art have if it does
not function as a philosophical-cognitive instrument
of the metaphysical worlds?
This is art reduced to a mere object,
merchandise to sell.

The new drawing
is the writing down of thought in black and white.
The art of thought substitutes the art of drawing.

Persephone, as the ancient spiritual perception of the
world,
has been abducted by perception of the substance
of the world.
The perception of the spirit has left man,
because man lives on Planet Earth.
Because man lives forms.
Persephone is the conscious intuition of the act of thought.
Persephone, in the world of shapes of thought,
in the human intellect,
is in exile.

Yellow is the activity of light;
it is in opposition to violet, the activity of shadow.
In violet, the inner life, closed in upon itself,
moves toward action.
Interior action – violet.
Exterior action – yellow.

Man forms his own thoughts about nature,
in relation to that which he perceives;
that which his senses convey.
Our eyes give us an image of nature
with defined, fixed boundaries,
but nature's structure is less rigid.
Nature is variation and mutability,
it is ordered chaos,
and much of it is imperceptible.
Form, is only apparently unchangeable.
In the world of air,
every instant is different from the one before.
And yet it is part of the world of forms.
Warmth, humidity, fragrance,
breath, and light all have form.
But in this world of relationships,
the difference between the internal and the external is
less and less evident.
Even the most fixed forms are in movement,
if we transfer the perception of the moment
to a greater temporal context.
In nature, there is no such thing as stasis.

Art is that which develops consciousness in man.
It cannot repeat that which is perceived naturally.
Art is expression of awareness of the interior being.
Not of the time understood through the senses,
as this manifest time is already dead.

Il lirismo è una forma di
spiritualizzazione della materia.
Restituisce la materia morta dei
colori solidi alla vita.
E' partecipazione dell'uomo all'opera.
L'arte è trasformazione.

Nature is the past.
The world of forms is the creative state of the past.
The contemporary work of art is the creative act of man.
In the creative act of man, the present is realised.
The moment when man's work of art is over,
it is in the past.
The present has no form, it is imperceptible.
It is the spiritual moment of artistic creation.
Each individual experiences with it within himself, it is life
only in the moment before his own perception.
It is self-awareness.
The present lies outside the natural balance of things.

Bright red mixed with black gives green.
(Plato's Timaeus)
In nature green is the image,
the manifestation of bright red contained within the
black of form.

Bright red springs from yellow and gray.
The bright color mixed from red and white
creates yellow.
White, combined with a bright color,
gives blue when it falls within the black.
(Plato's Timaeus)
When light falls within shadow it generates blue.
Blue is the highest level of darkness of the light.
Yellow is the minimum level of darkness of the light.
All colors are dark.

Emptiness has its own image manifested in black.
In black we have a perceptible/super-perceptible
image of emptiness.
A burned, living, vegetal being
is made manifest in the black of charcoal.

Art proposes and highlights
a perception of the world that is both at once perceivable
and super perceivable, super perceptible and perceptible.
It is thus neither abstract nor figurative.

Thought is the basis of art,
of the art of the man of consciousness.
It is indispensable, but not sufficient.
To make art, a particular feeling must be wedded
to thought.

In art, the simplest sensation
is as important as the most complex thought.
The sensation varies between the pole of heat and cold.

Man is divided in three parts:
Thoughts, feelings and will.
Art takes in all the expressive totality of man.
Just one of the three forces, alone, is insufficient.

In the dances of Kerala,
good people have green faces.
Bad people have black faces.
The Gods have pink or red faces.

Earth-Brown. Black-Carbon, Burnt Plant.
Gray-Ashes-Man.
Red-Living. Blue-Soul. Yellow-Spirit.

The thought of man is intermediary between
transitory time and permanent time.
If man were only a being of the transient,
he would not be able to think and develop a
consciousness.
It would be the same if he were a being of the permanent.

The phenomenon of images is important for the
consciousness of man.
To develop freedom means to live amongst images.
Freedom means observation and reflection:
the development of a Self able to exist outside things
themselves.
To oppose them, and thus to know them.
Asymmetric-symmetry.
The image is not a thing in itself;
the image is that which is not.
Man lives in images
to develop knowledge of things that are.

The place of God was the Temple,
the expression of the natural-spiritual.
The Self of man was external to the Temple.
Outside it.
Perfection could only be observed from outside.
Man was a being of the transitory, undefined.

The complementary contrast between green and red
is equivalent to the contrast between the intellect,
as the image of thought,
and thinking itself.
The intellect is form and exists for forms.
Thinking is activity: it exists to develop awareness.

Colors make it possible to penetrate the rhythms
and the architectural depths of being.
Colors possess a natural magic.

Man is not characterized by form, or matter,
or by narrow natural necessity.
Because he is capable of thought,
he is characterized by freedom.
In the act of thinking man is alone.

Colori tra pensiero e volontà:

Nascono dal dinamismo prodotto dall'azione contrapposta del pensiero e della volontà; Dal giorno e dalla notte.

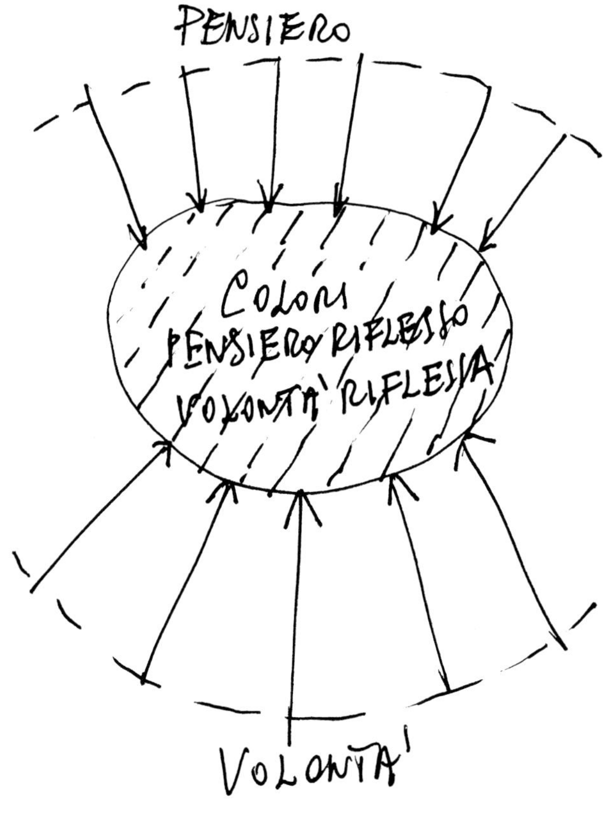

In the order of beings, man's place
is not closely tied to natural necessities:
man can move freely between light and shade;
between white and black.
The place of man's Self lies between these extremes.
It is characterized by active red.
White and black are the natural and spiritual
environment
in which he develops freedom, thought.

The red of the Self that lives in the black of form
is the brown of the body of Pharaoh,
standing before the white God Osiris.
Red is centrality.

Color has real qualities
when it is not applied to paper.
When it is still free to act in thought.
When it is bound to the canvas, it acquires the quality
of the image, of reflection.

The dream is the reader of sleep.
It is awareness of the Self while the other Self sleeps.
It is image, which in the transient Self, is the only point
at which consciousness converges.
Man can acquire awareness only through images.
For the ancients dreams were commands
or warnings from the Gods.

To know is to shatter the barrier of the senses.
To recognize the being turned into a tree trunk, wood.
The senses show nature, which has form.
Thought shows natural creative nature.

Space is the invisible structure of the physical.
It is the structural framework of matter.
Space is straight line, like light.
Space is made up of light and matter.

Man acquires consciousness through images.
Nature is image.
And yet, thought is not a faded image of reality.
Thought embraces the world of ideas.
It is the organ that allows ideas to be seen,
not in images, but directly.
Thought is the activity, that unites sensitivity to ideas;
uniting the image to the real.

Color belongs to the things of nature,
not to the eye.
Space is non-material physicality.
Color is temporality made physical.

Memory is to give sensorial experience to Time.
A part of this experience remains in the
consciousness,
acquires duration, and from space, enters into
awareness.
Time is the synthesis of experience.
Memory is an activity that gives the transient,
consciousness.

The idea is a state of purity.
The work of art is the idea made concrete.
It is to enter into forms.
The idea must be strong enough to alter the present
state of matter.
In order that it be not just matter,
and in order that its creation may contain something
alive.

In the world of the senses, every color is image.
Real colors project their action in form
and become image.
Some colors are always image.
They are never real colors.
They are the image of the action of other colors.
Green, for example.

In the world of the senses, in the world of forms,
we have an image color, characteristic of the
vegetable world: green.
Green is the image, in the tangible world, of life.
Green is not a real color.
It is a derivative color.
The real color, which projects its own action into
natural forms,
which appear green to the eye, is red.
Red is therefore the true color of vital energy.

Real colors that appear in the perceptible world
have become images.
They have lost their characteristics of reality.
They have become flat, devoid of motion.
But they are always images of themselves.
Before red, which manifests itself perceptibly,
we do not find the reality of another color,
but that of red itself.
These colors are participants in the idea.

When we are immersed in perceivable nature,
(green),
we are immersed in energy, (red).

For modern physics, color is a phenomenon
that forms in the human eye after it has been stimulated
by electromagnetic, transverse luminous waves.
Color is a perception of our eye.
The physical phenomenon holds no interest for us.
We are interested in the active man who participates
in the phenomenon.
We are interested in the study of "color,"
beginning with the most elementary human sensation,
produced by a simple tangible perception, onwards.
We believe that the study of "color"
in this sense, is the "Odyssey" of Being and the
discovery of Time.

Thinking is an activity that involves the entire man,
not only the head.
Colors are a real dimension of the memory,
they are not a refined form of oblivion.
All that which highlights invisible thought is art.

Life is invisible, it penetrates and envelops forms.
If one looks closely, one sees that life itself is the
structure that contains the forms,
because whenever it is not present,
forms dissolve.
Pure form is expressed in minerals,
in which light and shade are the perfect
generative causes.
The mineral is not subject to a continuous dissolving,
as in other cases.

Painting does not necessarily mean
painting a picture.
To live color, through thought and through feeling,
is to paint.
To sense color again and again,
to generate it and develop it,
is painting that is not tangible.
This variable quality, which is non-physical and
which may not be defined through concepts and forms,
allows the free artist to feel projected,
toward that which is passing and which varies at
every moment.
Art is a continuous flux,
a sea of colors in movement,
without any specification,
without any form.

The consciousness of the waking state exists because
man, in a state of sleep, loses consciousness.
Man can develop consciousness,
when he lives in central gravity (day).
When he lives in peripheral gravity (night),
he is a part of the cosmos.
Devoid of consciousness, he lives in blue.
When he lives in yellow, the producer
of consciousness,
he is alone with himself.

Night:	to be part of the cosmos, man leaves the physical state.
Day:	to develop consciousness, he must enter into the physical state.

To enter into the physical state means to separate
oneself from things.

Blue:	is the producer of the state of sleep.
Yellow:	is the producer of the waking state.
Art:	is the desire of the Day to be Night.

If there were no body, we would not
know what life is.
We would be like the sleeping consciousness of the tree.
The tree is a being amongst beings.
The expression of pure life.
The tree is night.

Medusa is a solidifying force;
the reproduction of the invisible in stone.
She is the power of the eye.
Perseus is the conscious Self.
He triumphs over the physical image
and becomes an archetype.

Diagrammi virtuali tradotti in musica
Virtual Diagrams Translated into Music

Emanuel Dimas de Melo Pimenta

p. 137 - *Pulsar*, 1992
p. 138 - *Through the looking glass*, 1993
p. 139 - *Through the looking glass*, 1993
p. 141 - *Mandala*, 1993
p. 142 - *Writings one*, 1993
p. 143 - *Ware*, 1992

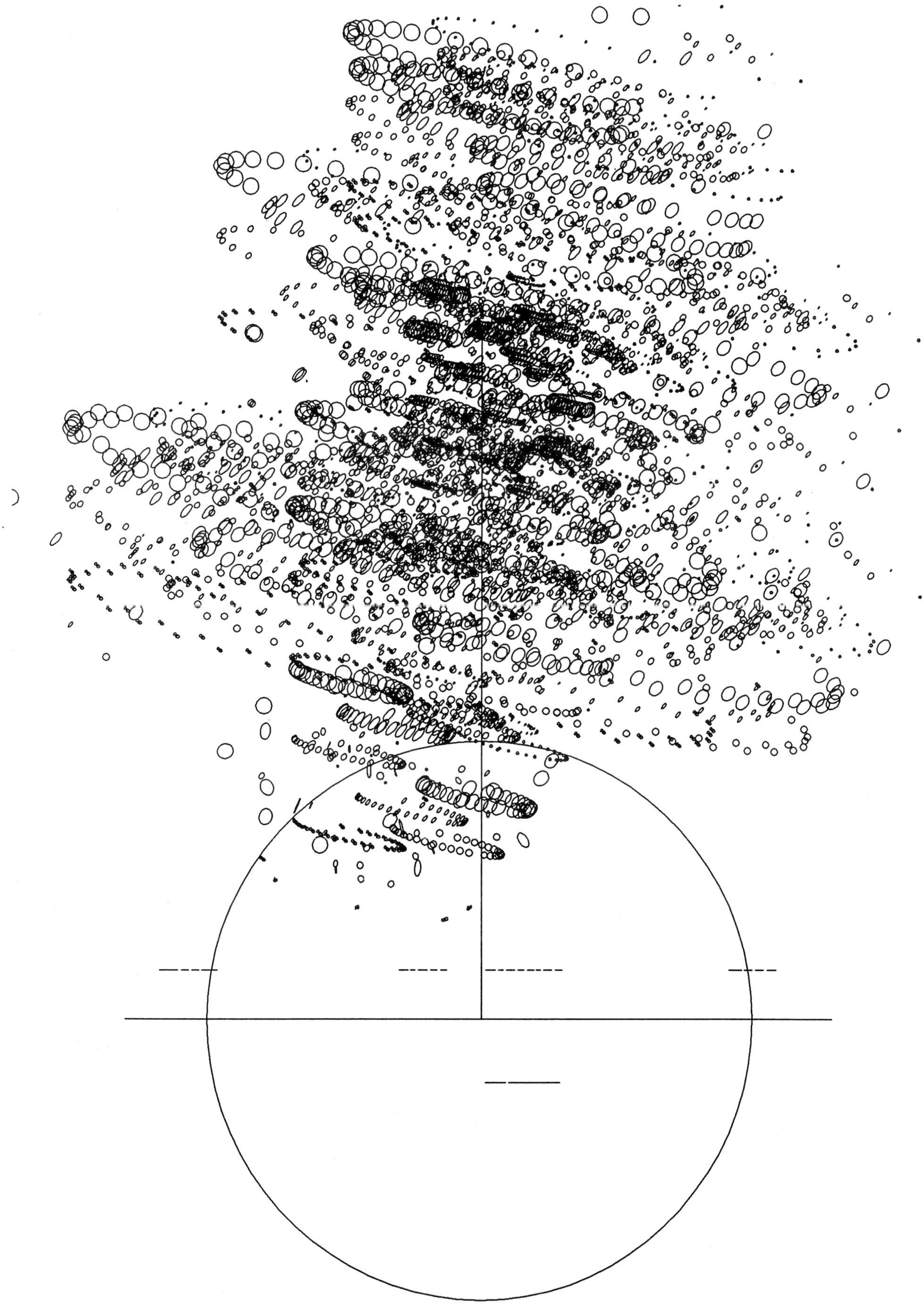

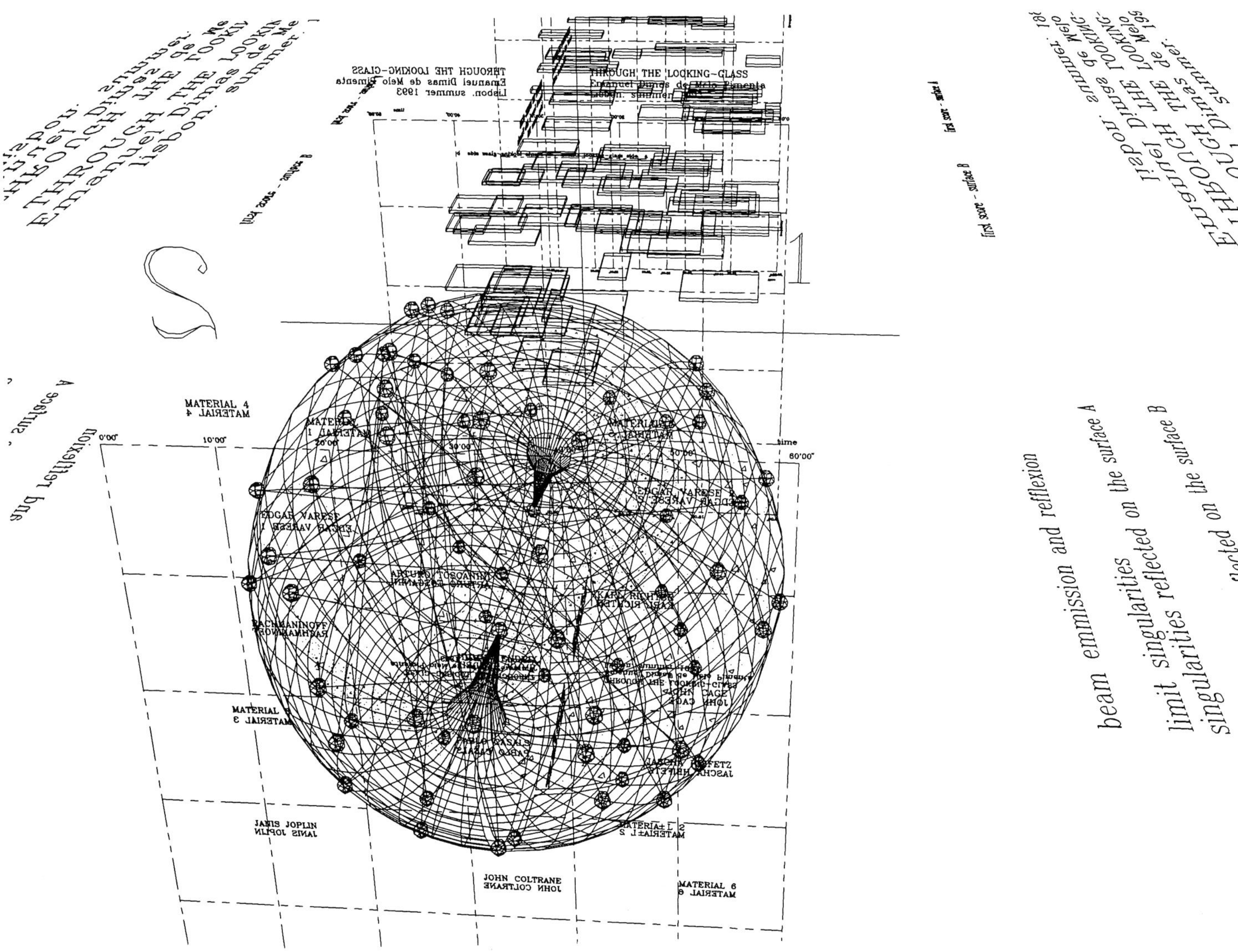
THROUGH THE LOOKING-GLASS
Emanuel Dimas de Melo Pimenta
Lisbon, summer 1993
MATERIAL 4
MATERIAL 1
MATERIAL 3
MATERIAL 2
MATERIAL 6
EDGAR VARESE
ARTURO TOSCANINI
RACHMANINOFF
KARL RICHTER
JOHN CAGE
JASCHA HEIFETZ
JANIS JOPLIN
JOHN COLTRANE
0'00"
10'00"
20'00"
30'00"
40'00"
50'00"
60'00"
time
first score - surface B
first score - surface A
beam emmission and refflexion
limit singularities
singularities reflected on the surface A
singularities reflected on the surface B

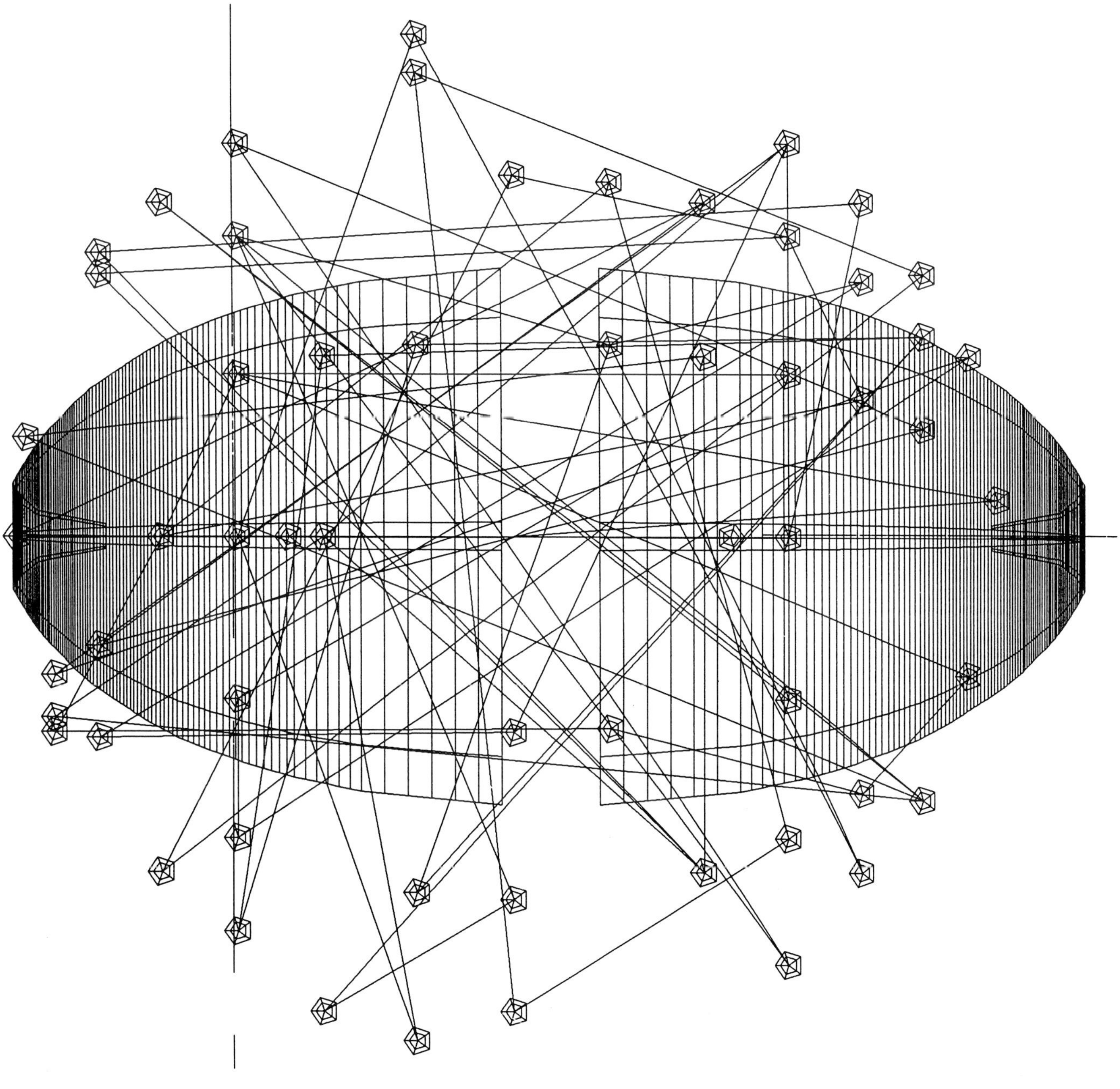

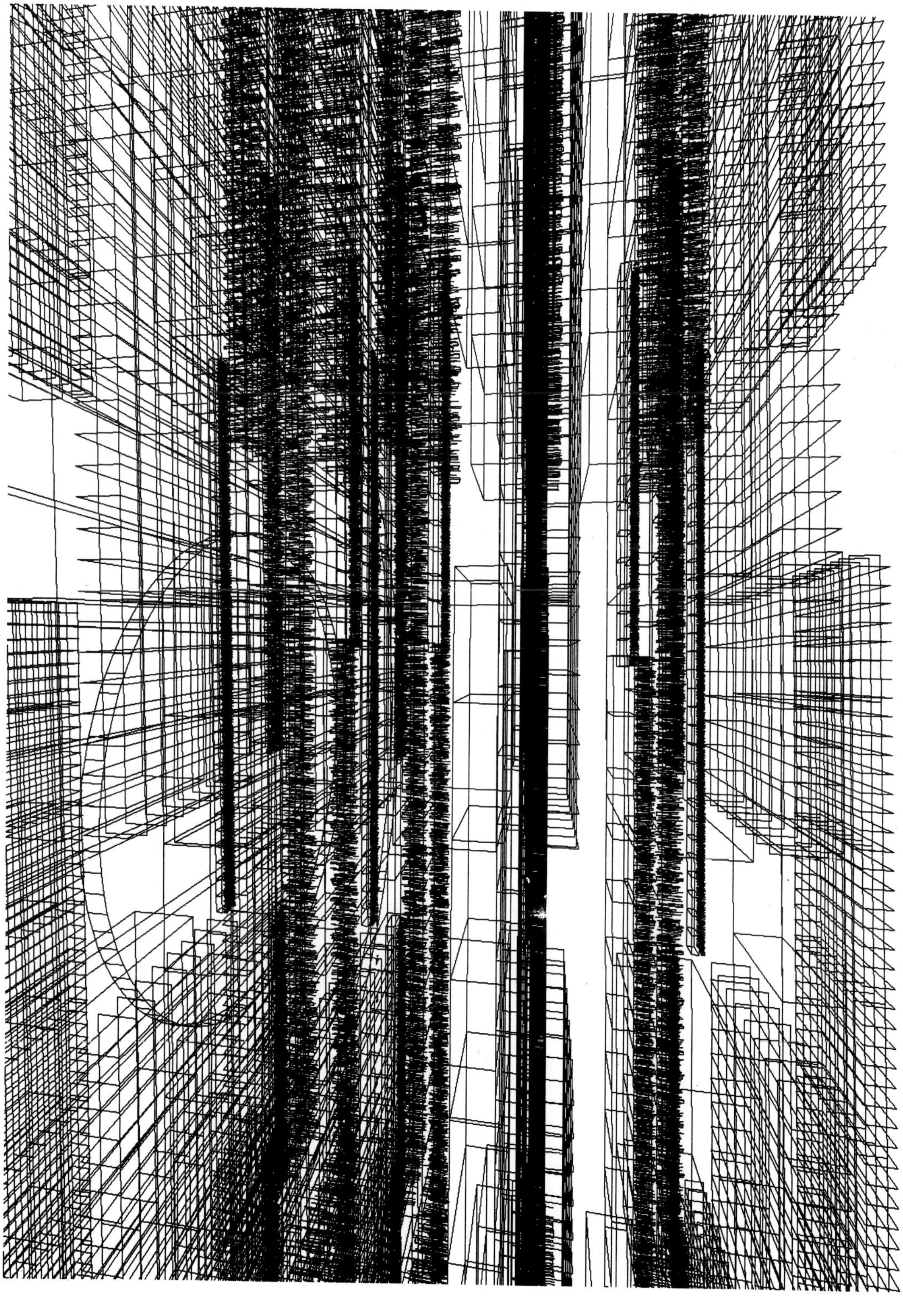

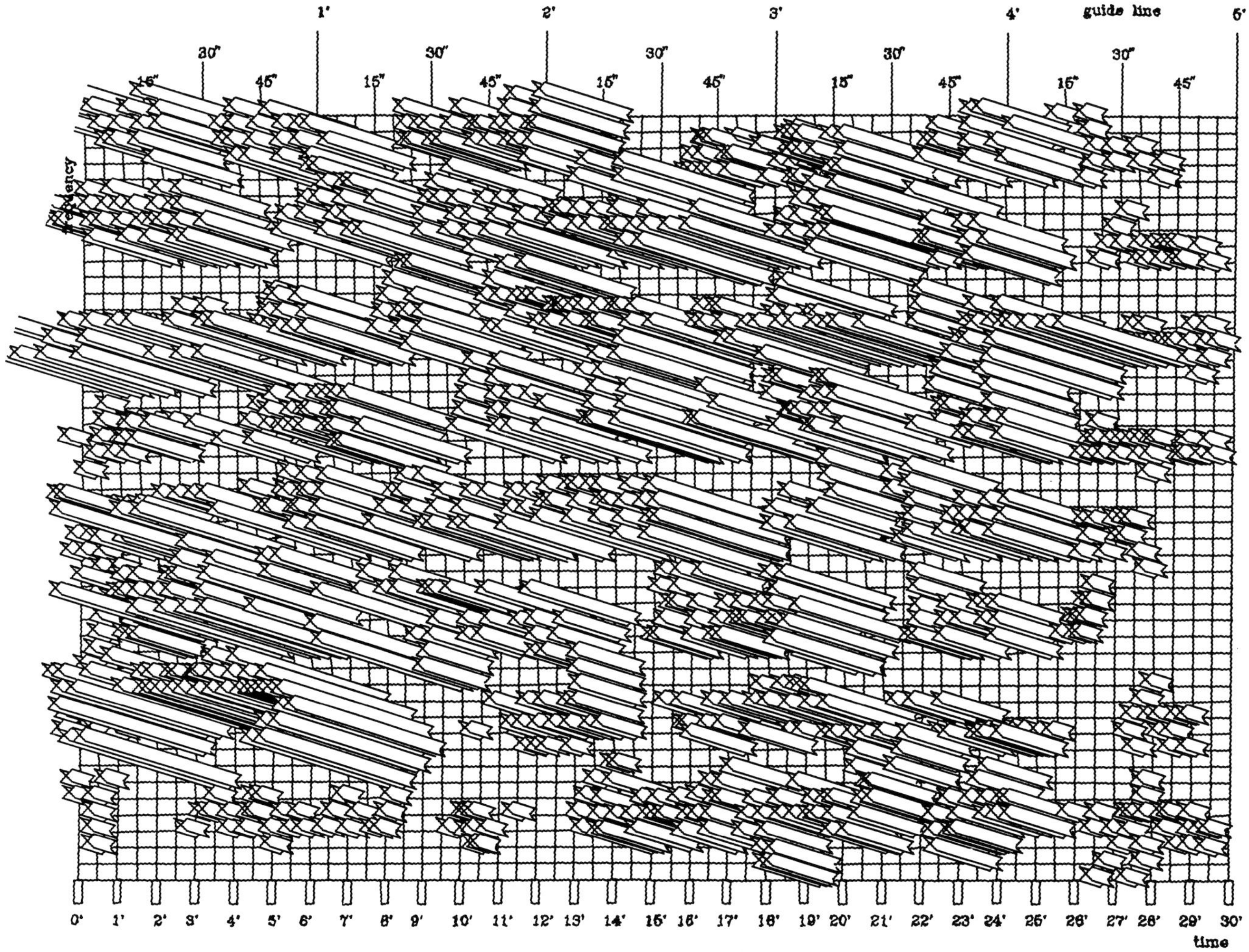

guide line
1'
2'
3'
4'
5'
15"
30"
45"
frequency
0' 1' 2' 3' 4' 5' 6' 7' 8' 9' 10' 11' 12' 13' 14' 15' 16' 17' 18' 19' 20' 21' 22' 23' 24' 25' 26' 27' 28' 29' 30'
time

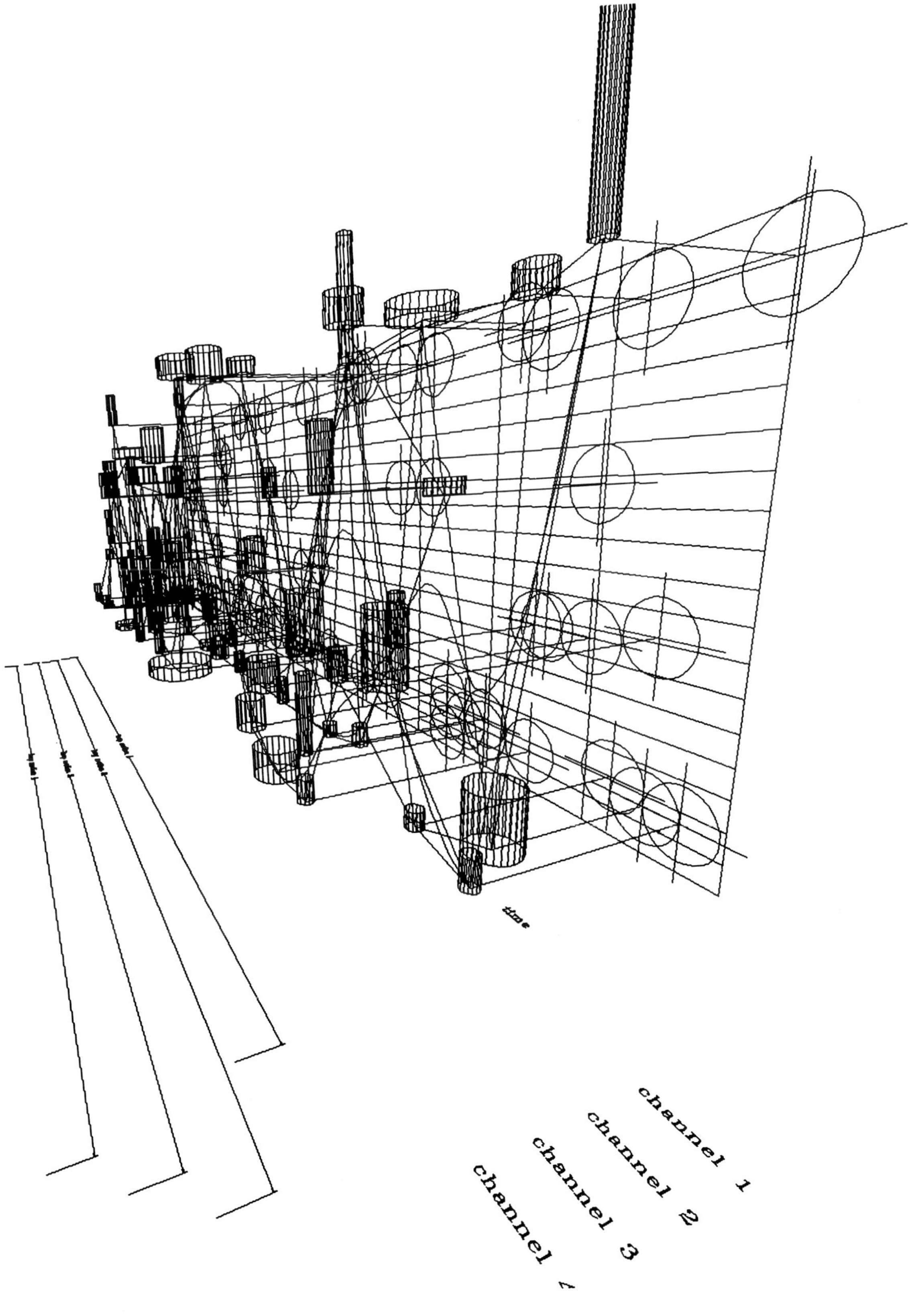
time
channel 1
channel 2
channel 3
channel

Arte è necess

di essere no

ità del giorno
tte.

Biografia

Aldo Roda è nato a Firenze nel 1948, vive e lavora nel Chianti (Toscana).
Importante per la sua formazione culturale, oltre all'esperienza scolastica che passa dall'Istituto d'Arte di Porta Romana al Liceo Artistico e alla Facoltà di Architettura di Firenze, l'incontro con l'Antroposofia di Rudolf Steiner nel 1966.
La sua ricerca parte come un'indagine sull'uomo, sia come essere sensibile, cioè legato ai sensi naturali, sia come essere che sviluppa il pensiero, in tutte le sue accezioni, particolari e universali, quindi rivolto allo spirituale delle cose. Inizialmente più informale e materico, sempre rivolto non all'astrazione assoluta, ma al contrario all'espressione libera di contenuti interiori, ha sviluppato recentemente una propria figurazione, che non è imitazione superficiale della natura, ma della natura stessa vuole acquisire le caratteristiche fondamentali della crescita e dello sviluppo archetipico.
Fondamentale è lo studio del colore, inteso come forza agente nell'anima umana e determinante per l'intuizione di un contenuto espressivo, elaborato comunque liberamente, senza particolari leggi.

Biography

Aldo Roda was born in Florence in 1948. He lives and works in the Chianti region (Tuscany).
A crucial factor in his cultural education, apart from the years he spent as a student at the Porta Romana Art Institute and the Faculty of Architecture in Florence, was his encounter with the Rudolf Steiner's Anthroposophy in 1966.
Roda's own research began as an inquiry into man, both as a sentient being (that is, as a being connected with the natural senses) and as a being capable of developing thought (in all the meanings of the term, both particular and universal), and thus turned towards the spiritual aspect of things. Initially more informal and material, always turned not towards absolute abstraction, but rather towards the free expression of internal contents, he has recently developed his own figuration, which is not the superficial imitation of nature, but an attempt to acquire the fundamental characteristics of the growth and archetypal development of nature itself.
An essential part of this system is the study of color, understood as an active force within the human soul and as a decisive element in our efforts to understand an expressive content that is nonetheless formulated freely, without specific laws.

Roland Barthes

When one writes, one needs a loving reply.

Quando si scrive si ha bisogno di risposta d'amore.

Roland Barthes

Finito di stampare nel mese di ottobre 1998
da Leva spa, Sesto San Giovanni
per Edizioni Charta